Für Klaus!

Noch viel Petri!

[signature]

Herausgeber:

Jürgen Oeder
Weinbrennerstr. 32
76135 Karlsruhe

Gestaltung:

JK Visual Design
Johannes Köhler
E-Mail: info@jk-visual-design.de
www.jk-visual-design.de

Erste Auflage
ISBN: 978-3-00-051087-8

ERFOLGREICH
ANGELN
IM MITTELMEER

KROATIEN | EBRO-DELTA | MALLORCA

Inhalt

Einleitung

„Erfolgreich angeln im Mittelmeer", heißt dieses Buch. Doch auch dort trifft das Sprichwort zu, dass die Götter vor den Erfolg erst einmal den Schweiß gesetzt haben. Der Fischfang ist im „mare nostrum" zugegebenermaßen nicht ganz so einfach wie anderswo. Dies liegt auch daran, dass viele der rund 700 im Mittelmeer lebenden Arten nach Jahrtausende langem Befischungsdruck überaus gewitzt geworden sind. Angler müssen deshalb ihr Können ausspielen, um zum Erfolg zu kommen. Dieser Erfolg kann dann bei manchen Brassen- oder Barscharten oft in einem nur wenige hundert Gramm schweren Fang bestehen. Einem Fisch, der – wie etwa ein überschaubares Bodenseefelchen – aber so köstlich schmeckt, dass er auf Mittelmeermärkten für gutes Geld gehandelt wird.

Die Skala reicht am anderen Ende bis hin zu zentnerschweren Blauflossenthunen. Sie sind mittlerweile wegen der Erholung ihrer Bestände erstaunlich leicht zu fangen und verlangen Anglern nicht nur einiges an Körperkräften ab. Auch ihr Charakter muss gefestigt sein, denn entgegen dem instinktiven „Behaltenwollen" nach einem harten Drill, müssen die Thune von Hobbyanglern in der Regel zurückgesetzt werden. Es sei denn, sie angeln mit einem Charterbootkapitän, der eine der seltenen Lizenzen zur Entnahme der teuren Fische besitzt.

Für Norwegen-Angler, die es gewohnt sind, mit vollen Kühltruhen heimzureisen, ist das Mittelmeer insoweit keine gute Wahl. Es kann für sie aber durchaus spannend und herausfordernd sein, sich und ihre Techniken an den Mittelmeerbewohnern zu messen. Dabei stoßen sie, für viele verblüffend, so manches Mal auf alte Bekannte: Seehecht, Schollen, Steinbutt, Nagelrochen oder Conger sind aus dem Nordatlantik ins Mittelmeer eingewandert und leben hier einträchtig unter für uns eher exotischen Arten wie kampfstarken Amberjacks oder den Großen Gabelmakrelen, die in Spanien Palometta und ansonsten Leerfish heißen

Ebenso unterschiedlich wie die Fischarten sind auch die Fanggebiete und -techniken: Das Mittelmeer wird durch den italienischen Halbstiefel in zwei ozeanografisch unterschiedliche Becken geteilt. Im westlichen Teil prägt beständig einströmendes Atlantikwasser das Leben und lockt Blauflossenthune aus dem Atlantik zum Laichen an die Balearen.

Im östlichen Teil sorgen dagegen höhere Temperaturen und größere Salzkonzentrationen für eigene Laichzeiten und Wanderwege der Fische. Und einleuchtend ist auch, dass im glasklaren, von Kalksteingrund gefilterten Adria-Wasser feinere Methoden nötig sind, als im eher trüben und vor allem sandig flachen Ebro-Delta.

Hier werden für alle Regionen erprobte Angeltechniken vorgestellt und Tipps zu guten Fangplätzen gegeben, damit bei Ihnen, lieber Leser, hoffentlich eintritt, was das Buch bewirken soll: Erfolgreich angeln im Mittelmeer!

KROATIEN

Die Adriaküste von Kroatien: idyllische Inseln, Buchten und
das blaue Meer. Auch Nichtanglern geht da das Herz auf.

Allgemeine Fangzeiten

BLAUFLOSSENTHUN

April-Mai und Ende Juli bis Ende Oktober

Gewicht: meist 30-60 kg,
Ausnahmefische bis 200 kg

Technik: Driftfischen, Spinnfischen.
Rund um Istrien kann häufig
schon im Frühjahr (April bis
Mai) sehr gut mit dem Popper
auf Bluefins gefischt werden.

Hotspots: Zadar und Jezera

WEISSER THUN

Mitte August bis Oktober/November

Gewicht: meist 8 bis 10 kg

Technik: Trolling mit Wobbler/Lure

FALSCHER BONITO (LITTLE TUNNY)

April und Oktober

Gewicht: 14 kg sind keine Seltenheit.
Weltrekordgrößen in der
südlichen Adria vorhanden

Technik: Trolling mit Wobbler/Lure

ATLANTISCHER BONITO

Ganzjährig, die beste Zeit ist Spätherbst.

Gewicht: bis 11 kg

Technik: Trolling mit kleinen Kunstködern, Chumming mit Sardinen vom verankerten Boot

BERNSTEINMAKRELE

Ganzjährig

Gewicht: bis 70 kg, 10-30 kg im Durchschnitt
Technik: Trolling mit Lebendköder,
im Winter mit Jigs an Unterwasserbergen

GOLDMAKRELE

Beste Zeit ist August bis Oktober

Gewicht: 3-5 kg, selten bis 10 kg
Technik: Trolling mit Lures, Driften mit
Naturködern

GROSSE GABELMAKRELE

Sommermonate und im Herbst

Gewicht: 5-7 kg, selten bis 30 kg
Technik: Trolling mit natürlichen und
künstlichen Ködern

WOLFSBARSCH

Spätherbst- und Wintermonate

Gewicht: 3-10 kg
Technik: Trolling mit kleinen
Kunstködern, Spinnfischen
in Flussmündungen

BLAUFISCH (BLUEFISH)

Spätsommer und Herbst

Gewicht: um die 3-7 kg
Technik: Trolling mit natürlichen und
künstlichen Ködern

ZAHNBRASSE

Ganzjährig, beste Zeit: Mai-Juni und
September-Oktober

Gewicht: bis 14 kg, meistens 2-7 kg
Technik: Trolling mit Lebendködern,
Jigging

Ein Rat vorweg

Angeln in der Adria ist anspruchsvoll. In der Hoffnung auf Erfolg einfach ins Blaue zu fahren, bringt Anfängern eher Frust statt Fisch. Angler, die mit eigenem Boot nach Kroatien anreisen oder dort eines mieten, sollten deshalb zunächst einige Ausfahrten bei einem erfahrenen Skipper buchen, der ihnen Fangplätze und Techniken zeigt.

Selbstfahrer sollten zudem unbedingt beachten, dass das Wetter in der Adria schnell umschlagen kann. Wehen die Winde Bora oder Jugo, ist die See in kurzer Zeit voller steiler und gefährlicher Wellen. Jugo oder Bora wehen oft. Skipper sollten deshalb vor jeder Ausfahrt die Wettervorhersagen studieren. Gut sind die Prognosen des staatlichen kroatischen Wetteramtes (auch in Deutsch):

www.prognoza.hr

Um darüber hinaus kein unnötiges Lehrgeld zu zahlen, sollte nicht ohne eine Lizenz gefischt werden. Auch vor Kroatien ist das verboten. Angelscheine (einen kleinen für allgemeines Angeln und eine große Lizenz für Thun- und Schwertfisch) können vorab per Internet erstanden werden auf der Seite:

www.mps.hr/ribarstvo

Damit sich dann der Erfolg auch einstellt, sollten Angler immer einen Tidenkalender zu Rate ziehen: Auch im Mittelmeer beißen viele Fischarten am besten bei auflaufendem Wasser.

Fanggebiete

ISTRIEN – VON NORD NACH SÜD

Dass in rund fünf Autostunden von München ein exzellentes Thunfisch-Revier direkt vor unserer „Haustür" liegt, ist der Gewässerstruktur der nördlichen Adria zu verdanken. Weil sie dort vergleichsweise flach ist, wird das Wasser von der Frühjahrssonne deutlich schneller erwärmt.

Das beschauliche Novigrad liegt abseits der großen Touristenzentren auf einer kleinen Insel, die im 18. Jahrhundert mit dem Festland verbunden wurde.

Deshalb ziehen Schwärme verschiedener kleiner Fischarten schon im April unter die Küste, verfolgt von den immer hungrigen Blauflossenthunen. Rauben die Thune dann in den Schwärmen an der Wasseroberfläche, schlägt die Stunde der Spinnfischer. Aber nicht nur Vollblutangler kommen hier auf ihre Kosten. Natur, Kultur und Kunstgeschichte bieten zahlreiche Möglichkeiten für Ausflüge jenseits vom Angeln.

Den Auftakt der Fanggebiete an der Küste Istriens macht **Savudrija**. Der kleine Badeort liegt etwa 50 Kilometer südwestlich der italienischen Stadt **Triest**. Vor **Savudrija** können im Flachwasser dicht unter Land im Sommer **Große Gabelmakrelen**

Ein prächtiger Goldmakrelen-Bulle, gefangen vor Zadar.

Die Altstadt von Rovinj ragt muschelförmig ins Meer hinaus und verströmt in ihren verschlungenen Gassen viel mediterranes Flair.

(Palometa, Leerfish) gefangen werden. Weiter südlich liegt zwischen Poreč und Rovinj ein Winterfanggebiet für sehr große Blauflossenthune mit einem Durchschnittsgewicht von 100-150 kg. Fische mit über 200 kg sind möglich, der schwerste bis Ende 2015 gefangene Thun wog 330 kg, sehr viel größere gingen nach mehrstündigen Drills verloren. Die größten Thune stehen knapp oberhalb von Rovinj, beste Zeit ist November-Januar/Februar. Etwa 25 Seemeilen vor der Stadt wird nach Gas gebohrt. Die Strukturen im „Ivana Gas Field" sind ein guter Platz zum Jiggen. Zudem kann vor der Stadt an einem Wrack auf Zahnbrassen und andere Arten gefischt werden. Der 85 m lange Passagierdampfer **BARON GAUTSCH** liegt etwa 6 Seemeilen südlich vom Leuchtturm „Sveti Ivan na Pucini" in einer Tiefe von 37-41 m.

Koordinaten: **44° 56.387' N – 13° 34.579' E**

Die Küste um **Pula** und weiter in Richtung Kap **Medulin** ist reich an Struktur und ermöglicht gutes Schleppangeln mit lebenden Kalmaren auf Zahnbrassen und Amberjack, aber auch erfolgreiches Driftfischen auf Blauflossenthun. Die größte Stadt Istriens ist zudem voller historischer Sehenswürdigkeiten bis hin zu einem Amphitheater aus römischer Zeit. Ist es zum Angeln zu stürmisch, wird Sightseeing in **Pula** zu einer guten Alternative. An der südlichen Landspitze Istriens, dem Kap **Premantura**, ist rings um den Leuchtturm **Albanez** ebenfalls gutes Angeln auf Zahnbrassen möglich. Der Leuchtturm lieg etwa 2 Seemeilen südlich vom Kap auf den Koordinaten: **44° 44.95 N – 13° 54.23 E**. In Tiefen um 70 m ist sehr gute Struktur, dort lohnt es sich im Frühjahr zu Jiggen.

Thunfische auf Jagd durchbrechen oftmals der Wasseroberfläche – immer steif wie ein Brett. Das sind sie anatomisch bedingt auch: Allein ihre Schwanzflosse propellert sie voran.

Der Kanal zwischen Cres und Krk im Nordosten ist ideal zum Popperfischen auf Blauflossenthun. Gegen Saisonende bevorzugen die Thune etwas größere Popper und Stickbaits in der Klasse von 15-20 cm.

Am oberen nordöstlichen Ende des **Kaps Premantura** liegen in einer Bucht die Städte **Pomer** und **Medulin**. Von beiden Orten aus kann zum Kap hinunter auf Thun, Zahnbrasse oder Amberjack gefischt werden. Auf der Ostseite **Istriens** liegt mit der **Kvarner Bucht** ein gutes Revier zum Angeln auf große Bluefins. **Opatija** an der linken Seite der Bucht sowie **Rijeka** gegenüber bieten Anglern ansehnliche Marinas. Zielfische sind hier Blauflossenthun sowie Little Tunny im Herbst. An der Hafenmole von **Rijeka** angeln Einheimische im Herbst auch auf Atlantische Bonitos.

ZENTRALKROATIEN

Die Inseln **Cres** und **Krk** sind Kreuzworträtsel-Fans ein Begriff, vielen Anglern aber noch nicht: Blauflossenthune treiben vor Cres Sardinen-Schwärme gegen die Steilwände der Küsten. Weil Felswände dort auf bis zu 50 m Tiefe abfallen, kann dort auch von kleineren Booten direkt unter Land gefischt werden. Im Fährhafen von **Merag** kommen im Herbst Wolfsbarsche in Rekordgrößen vor. Gummishads oder Lebendköder fangen hier sehr gut.

Aber auch Wrackangler können auf ihre Kosten kommen: Der 74 m lange Frachter **GU-ISEPPE DORMIO** liegt im Kanal **Vela Vrata** zwischen dem Festland und der Insel **Cres** in einer Tiefe von 49-65 m. Koordinaten: **45° 07.667' N – 14°15.187' E**

Im Norden der Insel **Krk** liegt der Ort **Omišalj**. Vor dessen Hafeneinfahrt befindet sich weniger als eine Seemeile entfernt ein mit einer Laterne markierter Unterwasserberg. Dort kann vom Bluefin bis zur Goldbrasse alles gefangen werden. Im Spätherbst sind Schleppköder auf Atlantischen Bonito erfolgreich. Vor Krk gibt es überdies einen guten Zahnbrassen-Bestand. Gefangen werden sie insbesondere entlang der Küste von **Nijvice** in Richtung der Stadt **Krk** sowie rings um die Insel **Plavnik** (zwischen **Cres** und **Krk**) und um die Untiefe Koromat. Wolfsbarsche in Rekordgrößen ziehen in den Fährhafen von **Valbiska** (im Westen der Stadt **Krk**). Am besten fangen dort Gummishads oder Lebendköder im Herbst. Aber auch vom verankerten Boot mit frei driftender Sardine zu angeln ist erfolgreich. Im Kanal zum Festland kann an tieferen Stellen auch Petersfisch gefangen werden. Gut ist das Gebiet zwischen dem Ort Silo auf **Krk** und der auf dem Festland gelegenen Stadt **Crikvenica**.

Der Bootsverleih www.biboote.com macht Nivijce zum idealen Ausgangspunkt für Thunfisch-Angler, weil der Besitzer selbst auch Sportangler ist. Er spricht fließend Deutsch und die Boote sind zum Fischen ausgerüstet!

„Preko" heißt übersetzt „gegenüber" und genau da liegt der Ort Preko auf Ugljan: Gegenüber von Zadar. Das Besondere ist die kleine vorgelagerte Insel Galovac. Sehenswert ist dort ein Franziskaner-Kloster, das im 15. Jahrhundert errichtet wurde.

DALMATIEN

Etwa 40 km nordwestlich von **Zadar** liegen die beiden Inseln **Škarda** und **Ist**. Der Kanal zwischen ihnen wird gesäumt von Steilwänden, die senkrecht auf Tiefen von bis zu 70 m abfallen. In der starken Strömung können dort gute Amberjacks und Zahnbrassen mit lebend geschleppten Hornhechten oder Kalmaren gefangen werden.

Oberhalb von **Škarda** liegt die Insel **Premuda**. Im Westen der Insel befindet sich ein etwa 2 km langes Riff, dessen Felsen teils auch aus dem Wasser herausragen. Vor der Südspitze des Riffs ist eine gute Stelle für Zahnbrassen.

Direkt vor **Zadar** liegen die Inseln **Ugljan** und **Pašman**. Beide sind gute Angelreviere. Spinnfischen und selbst Uferangeln ist sehr gut im Kanal unter der Brücke zwischen **Ugljan** und **Pašman** sowie im Hafen von **Kukljica**. Zudem ist die südliche Spitze von **Pašman** ein gute Ecke zum Schleppen auf Große Gabelmakrelen. Zwischen **Pasman** und der Insel **Kornat** liegt die Insel **Žut**. Entlang ihrer strukturreichen Nordostküste können ansehnliche Amberjack und Zahnbrassen gefangen werden.

Auf der westlichen Seite von **Ugljan** liegen mehrere Fischfarmen. Dort ziehen häufig größere Blauflossenthune sowie Amberjack und Palometa entlang. Aber Vorsicht, unbedingt mindestens 300 m Abstand zu den äußeren Bojen der Fischfarmen halten. Die Aufpasser an den Käfigen verstehen keinen Spaß.

Nordwestlich von **Ugljan** befindet sich die Insel **Sestrunji** mit der Bucht **Hrvatin** in der Mitte der Nordost-küste. Direkt gegenüber dieser Bucht liegen die drei kleinen unbewohnten Inseln „**Tri Sestrice**" (Die drei Schwestern).

Die Wassertiefe liegt hier bei 28-34 m über steinigem Grund. Direkt neben der kleinsten der drei Inseln (an welchen auch das Leuchtfeuer montiert ist) findet man mit Hilfe des Echolots einen Unterwasserberg, der von 28 Meter auf 9 m ansteigt:

Hier herrscht, bedingt durch den **Rivanjski** Kanal, eine gute Strömung und sorgt dafür, dass sich hier eigentlich ganzjährig gut Zahnbrassen finden und fangen lassen.

Blufinsteaks im Sesammantel. Auch kroatische Köche können das perfekt.

Zahnbrassen werden im Sommer beim Schleppfischen mit lebendem Hornhecht oder Kalmar gefangen.

WELTKULTURERBE:
DIE EUPHRASIUS-BASILIKA IN POREČ

Nur etwa 7 km südlich von **Červar-porat** liegt die Hafenstadt **Poreč**. Gemeinsam mit Rovinj ist sie eines der wichtigen touristischen Zentren an der Westküste Istriens und allein wegen ihrer beeindruckenden Euphrasius-Basilika einen Ausflug wert.

Die Kathedrale ist nach dem Bischof Euphrasius benannt, der die Basilika in der Mitte des 6. Jahrhunderts errichten ließ. Die Kathedrale zählt zu den wertvollsten Kulturdenkmälern am Mittelmeer und wurde von der UNESCO in die Liste des Weltkulturerbes aufgenommen:

Der Sakralbau mit der reich verzierten Apsis ist über all die Jahrhunderte nahezu unverändert geblieben und gilt als bedeutendes Zeugnis der spätantiken und frühbyzantinischen Kunst. An Stelle der späteren Basilika stand im 4. Jahrhundert eine Gebetshalle. Aus ihr sind noch heute beeindruckende Bodenmosaike etwa mit dem Fisch als Christussymbol in der Basilika erhalten.

Der **Petersfisch** oder auch **Heringskönig**
stülpt bei der Jagd sein Maul weit vor
und saugt so Beutefische ein.

ZADAR
ANGELN UND MEHR

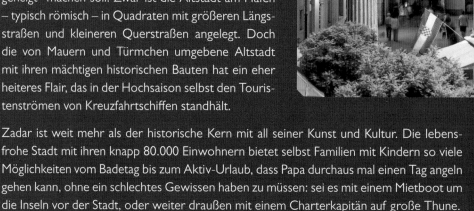

Gäbe es „Wohlfühl"-Zertifikate für Städte, Zadar müsste eines bekommen. Aber wer weiß, vielleicht hatten die römischen Baumeister schon vor 2200 Jahren von der chinesischen Harmonielehre Feng Shui gehört, die „die Geister der Luft und des Wassers geneigt" machen soll: Zwar ist die Altstadt am Hafen – typisch römisch – in Quadraten mit größeren Längsstraßen und kleineren Querstraßen angelegt. Doch die von Mauern und Türmchen umgebene Altstadt mit ihren mächtigen historischen Bauten hat ein eher heiteres Flair, das in der Hochsaison selbst den Touristenströmen von Kreuzfahrtschiffen standhält.

Zadar ist weit mehr als der historische Kern mit all seiner Kunst und Kultur. Die lebensfrohe Stadt mit ihren knapp 80.000 Einwohnern bietet selbst Familien mit Kindern so viele Möglichkeiten vom Badetag bis zum Aktiv-Urlaub, dass Papa durchaus mal einen Tag angeln gehen kann, ohne ein schlechtes Gewissen haben zu müssen: sei es mit einem Mietboot um die Inseln vor der Stadt, oder weiter draußen mit einem Charterkapitän auf große Thune.

Dass das Angeln auf die Boliden der Meere vor Zadar so erfolgreich ist, liegt unter anderem an den vielen vorgelagerten Inseln: Sardinenschwärme auf Futtersuche ziehen immer wieder zwischen ihnen durch, gefolgt von den hungrigen Thunfischen.

Einer der besten Skipper zum Big Game Angeln vor Zadar ist **Patrick Baier**. Seine Fangstatistiken von 1,35 Thunfischen pro Ausfahrt und einem Durchschnittsgewicht von 50 kg beeindrucken selbst im fernen Jezera. Der Erfolg von Patricks „**Team Fortuna**" hat mehrere Väter: Neben seiner langjährigen Erfahrung ist es sein Sonar, ein **HONDEX 773** für die kommer-

Patrick (links) und sein Mate **Branimir** sind das „**Team Fortuna**". Das Wortspiel mit Glück und Thunfisch hat seine Berechtigung, wie die Fangerfolge der beiden zeigen.

zielle Fischerei. Es sieht Thune im Umkreis von bis zu 500 m, und das **Lowrance Radar** ermöglicht sichere Ausfahrten auch nachts. Aber auch sein Mate **Branimir** zählt dazu: Er weiß immer, wo die Sardinen-Boote operieren und kennt sich zudem im Fang von Zahnbrassen oder Amberjacks mit Lebendköder aus wie kein zweiter (siehe „Wohnen beim König", Seite 32).

Das „**Pet Bunara**" bietet sehr gute Küche, immer frischen Fisch und interessante einheimische Gerichte zu fairen Preisen.

Vor der Insel **Premuda** liegt ein weiteres gutes Angelrevier: Auf der Nordwestseite der Insel liegt oberhalb des Ortes **Premuda** die kleine Bucht **Krijal (44° 20' N – 14° 36' E)**. Dort ist gutes Fischen auf Amberjack von April bis Oktober möglich. Beim Anfahren der Bucht ist wegen einiger Untiefen Vorsicht geboten!

Zur Ansteuerung: Südwestlich der Bucht liegt eine gefährliche Klippenreihe. Als optische Hilfen dienen der rote Turm (rotes Leuchtfeuer!) auf dem Kopf des Nordwellenbrechers sowie die Kapelle. Man kann den kleinen Hafen aus Südost sowie Nordwest kommend anfahren. Man muss sich aber in jedem Fall nahe unter Küste der Insel halten. Auf keinen Fall sollten Skipper versuchen, zwischen den Klippen durchzufahren! Hier gibt es einige Untiefen, die das Echolot erst erkennt, wenn es schon zu spät ist. Diese Untiefen und Unterwasserriffe machen das Schleppen mit lebendem Hornhecht auf Amberjack meist erfolgreich. Man sollte deshalb vor dem Schleppangeln einmal die Stellen vorsichtig abfahren und gegebenenfalls Wegpunkte auf dem Plotter anlegen.

Genauso schnell, wie man hier Bisse von kapitalen Amberjacks bekommt, kann das Angeln aber auch wieder vorbei sein: Die Fische flüchten nach einem Biss oft zwischen die scharfkantigen und steilen Unterwasserfelsen. Damit sie nicht verloren gehen, müssen Skipper schnell reagieren und manövrieren können. Weiteres Handicap: Beginnt dort eine Bura zu wehen, ist die Rückkehr zur Küste manchmal unmöglich.

Auf einigen kleinen Inseln locken Restaurants mit oft erstaunlicher Küche. Zu erreichen sind sie nur mit dem Boot, wie etwa das Aquarius auf Katina: 43°53' 20.3" N – 15°13'00.6". Vorbestellen ist kein Fehler: +385 (0) 23-78 888 18

Auf der offenen Seeseite vor **Premuda**, ca. 3-4 Seemeilen weit draußen, ist von Juli bis Oktober gutes Driftfischen auf Thun möglich: Einfach anfüttern und gelegentlich den Platz wechseln, bis sich Thune auf dem Sonar zeigen.

Zwischen den Inseln **Otok** und **Ugljan** liegt die Insel **Iž**. An ihrer Nordostküste können gut Hornhechte gefangen werden und damit dann Amberjack und Zahnbrassen. Vor **Iž** liegen zudem Netzgehege zur Mast von Thunfischen. Die gefangenen Fische locken mit ihrem Geruch und dem Duft des Futters Wildfische an, die sich dann um die Netzgehege einstellen. Dort können deshalb häufig Thune gefangen werden, wenn sie nicht in den Ankerleinen der Netzgehege abreißen. Die Koordinaten der Tuna-Farm von IŽ lauten: **44° 1' 424" N – 15° 6' 318" E**. Die Insel bietet Selbstfahrern zudem die kleine aber feine Marina **Veli IZ** (**44° 03' N – 15° 06' E**). Die Marina liegt an der Ostküste der Insel (gegenüber der Insel **Ugljan**), die Wassertiefe in der Marina beträgt nur 2-3 Meter. Liegeplätze gibt es für 50 Boote (bis 14 m Länge), jedoch nicht an Stegen sondern am Kai mit Moorings.

Südöstlich von **Pašman** liegt die Halbinsel **Murter** mit dem Ort **Jezera** und darunter auf dem Festland die beiden Städte **Vodice** und **Šibenik**. Alle drei sind Ausgangspunkt für Fahrten zu einem der besten Thunfisch-Reviere Kroatiens. **Jezera** zeigt im Sommer ein buntes Bild: Boote mit flatternden Wimpeln im Hafen, geschäftiges Treiben auf den Anlegestegen, und in den Restaurants rund um die Hafenpromenade. Dass der Ort in den Blick der Big Game Angler Europas rückte, verdankt er vor allem einem Mann: Der Deutsch-Kroate Georg Blänich entdeckte dort in den 80-er Jahren bei einem Angelurlaub die Blauflossenthune und legte mit seinem ersten Fang, einem 171 kg schweren Fisch, den Grundstein für den guten Ruf **Jezeras**. Mittlerweile drängen sich im Hochsommer dutzende Angelboote in dem kleinen Hafen. Selbst aus Holland und Skandinavien trailern Urlauber ihre Boote zum Thunfischfang nach **Jezera**.

Angeln, Segeln und Baden:
Auch **Jezera** lebt überwiegend
vom Tourismus

Ob nun von **Jezera**, **Šibenik** oder **Vodice** aus: Die Angler haben alle ein Ziel, die Gewässer südwestlich der Insel **Žirje**. Vor **Žirje** fällt der Meeresgrund auf rund 200 m ab. Dort, südwestlich vor dem Leuchtturm von **Blitvenica**, finden sich im Sommer dutzende Boote zum Driftfischen auf Blauflossenthune ein.

Zum Saisonauftakt sind weniger, aber dafür größere Fische da. Im September kommt es zu einem Run kleinerer Fische, unter welchen sich aber durchaus auch Thune mit über 180 kg tummeln können. Bei gutem Wetter kann bis Ende November gefischt werden. Mehrere Bluefins pro Tag und Boot sind möglich. In Vollmondwochen (wenn Thune meist nachts statt tagsüber fressen) kann Grundfischen in 150 m Tiefe mit Naturködern viel Spaß bringen: etwa auf eine Delikatesse der Adria, den Großen Roten Drachenkopf (Scorpaena scrofa), auch Meersau genannt. Wer es schwerer mag: Dicke Muränen und Conger bis 1,8 m Länge wurden auch schon erbeutet.

Georg Blänich ist Charterkapitän der ersten Stunde und am besten über Handy zu erreichen: 00385-918901007

Banath Schwabl

Bild oben: Skipper **Alex Snoeijs**, ein gebürtige Holländer, lebt mit seiner Frau **Wilma** seit einigen Jahren auf **Murter**. Beide sprechen fließend deutsch und bieten Gästen in ihrem Haus außerhalb von Jezera auch zwei schöne Appartements an. Das Boot von Alex, die **SPOTTED MARLIN**, ist 8 m lang und fürs Rauwasser konzipiert.

Kontakt:

Tel.:   +385 (0) 958 556 629
E-Mail: lexenwilma@gmail.com
www.comefishwithalex.nl

Bild rechts: Zwei prächtige Amberjacks, gejiggt auf der **BAKUL**. Von **Vodice** aus braucht das Boot nur 30 Minuten zu den Fangründen an den Abbruchkanten und Unterwasserbergen vor der Küste.

SKIPPER ANTON ROCA

Skipper **Anton Roca** ist ein „harter Hund"; einer der auch bei widrigen Bedingungen dem Meer immer noch einen Fisch abzutrotzen weiß. Sich selbst bezeichnet Anton als „fanatischen Angler". Neben diesem Ehrgeiz beruht sein Erfolg vor allem auf Erfahrung im eigentlichen Wortsinn: Anton, über den auch schon ein Buch geschrieben wurde, ist über 200 Tage im Jahr auf See und weiß deshalb, wo und wann welche Fische gefangen werden können. Dies gilt vor allem für seinen wichtigsten Zielfisch, den Blauflossenthun: An Bord seiner **BAKUL** wurden einige der größten Bluefins (263 kg, 272 kg und 298 kg) vor der kroatischen Küste bezwungen.

Weil der Berufsfischer überdies eine sogenannte ICCAT-Lizenz für die Entnahme der Thune hat, können seine Gäste auch ein Erinnerungsfoto von sich und dem Fisch mit nach Hause nehmen.

Seine zweite Liebe gilt den Amberjacks. Sie sammeln sich in den Wintermonaten an Unterwasserbergen. Anton kennt diese Plätze und fischt dort mit Jigs oder Lebendköder auf die kampfstarken Fische. Übrigens: Kein anderer Skipper fängt beim Driften auf Thun so viele Schwertfische als „Beifang" wie Anton, über 70 kg wog sein schwerster.

Kontakt:

Tel.:   +385 (0)98 923 5026

E-Mail: info@game-fishing-adriatic.com

www.game-fishing-adriatic.com

Malerische Buchten und versteckte Insel-Restaurants laden zum Verweilen

SÜDLICHE ADRIA

Etwa 60 km südsüdwestlich von **Split** liegt die Insel **Vis** und im Südwesten dieser Insel das Eiland **Budikovac**. Dort findet sich im Osten vorgelagert die Untiefe **Plic Pokrivena** sowie weitere Unterwasserberge, die gutes Fischen auf Amberjacks und Zahnbrassen ermöglichen.

Gut 100 km südöstlich von **Split** liegt die kleine Hafenstadt **Ploče** mit der Mündung der **Neretva**. Deren Flachwasserzonen sind Jagdrevier für große Bluefish, Wolfsbarsch und Große Gabelmakrelen.

Auf etwa halber Höhe zwischen **Ploče** und **Dubrovnik** liegt die Insel **Mljet**. Sie ist noch voller Wald und zeigt, wie die kahlen Kornaten einst ausgesehen haben. Die Westküste der Insel zählt zum Nationalpark **Mljet**. Angeln ist dort verboten. An der Südspitze der Insel können aber große Zahnbrassen und Rotbrassen gefangen werden. Zudem ist saisonal gutes Fischen auf Little Tunny möglich.

Baby-Bluefins gehen im gesamten Mittelmeer immer öfter an den Haken. Bitte schonend lösen und zurücksetzen.

Wrackangeln vor Kroatien

Wrackangeln kann bei auflaufendem Wasser erfolgreich sein. Je tiefer die Wracks liegen, desto größer sind die Fische. Vor allem Drachenköpfe und Conger können dort gefangen werden.

Google Maps-Karte
mit Markierungen:

1. **KALLIOPI:** Der 133 m lange Frachter liegt an der Insel **Cres** in einer Tiefe von 49-60 m. Koordinaten: **45° 09.267' N – 14° 15.850' E** (auf 30 m genau)

2. **BARON GAUTSCH:** Der 85 m lange Passagierdampfer liegt 6 sm südwestlich des Leuchtturms „Sveti Ivan na Pucini" (auf der Höhe von **Pula**) in einer Tiefe von 37-41 m. Koordinaten: **44° 56.387' N – 13° 34.579' E**

3. **ARGO:** Das 52 m lange, in zwei Teile zerbrochene Kühlschiff liegt etwa 5 sm östlich des Kaps **Crna Punta** in 44-50 m Tiefe. Koordinaten: **44° 52.155' N – 14° 12,029' E (Bug)** und **44° 52.162' N – 14° 12.067' E (Heck)**

4. **LUANA:** Der 68 m lange Frachter liegt zwischen 42 und 50 m Tiefe südöstlich vom Kap **Premantura**. Koordinaten: **44° 42.117' N – 13° 59.800' E** (auf 10-40 m genau)

5. **ALBANIEN:** Der 65 m lange Dampfer liegt in 60-75 m Tiefe westlich von **Jakišnica** auf der Insel **Pag**. Koordinaten: **44 °37.001' N – 14° 44.001' E**

6. **ALDENHAM:** Der britische Zerstörer ist in zwei Teile zerbrochen. Sie liegen in etwa 80 m Tiefe westlich von **Pag** sowie nordwestlich von der Insel **Skrda**. Koordinaten: **44° 29.818' N – 14° 50.250' E – 44° 29.865' N – 14° 49.898' v E**

7. **PASCOLI:** Der 99 m lange Dampfer liegt auf 40-61 m Tiefe südlich der Insel **Susak** und beherbergt größere Fische. Koordinaten: **44° 19' 33.4'' N – 14° 20' 24.5'' E**

8. **GUISEPPE DORMIO:** Der Frachter ist 74 m lang und liegt auf 50 bis 65 m im Kanal zwischen dem Festland und **Cres**. Koordinaten: **45° 7.667' N – 14° 15.187' E**

9. **BRIONI:** Der 68 m lange Frachter liegt auf der Südseite der Insel **Ravnik**, unmittelbar neben dem Kap **Jezera**, etwa 50 m von der steilen Küste entfernt. Die Tiefe von 45 bis 61 m ist ideal zum Angeln auf Große Drachenköpfe und andere Arten. Koordinaten: **43°0.86' N – 16° 20' E**

Beim Fremdgehen erwischt: Der „Panula-König" fängt Zahnbrassen im Winter auch am Jig

WOHNEN BEIM KÖNIG

Skipper **Patrick Baier** weiß über seinen Mate **Branimir Kraljić** aus Zadar viel zu erzählen. Etwa, dass Branimir, ein Apnoetaucher, bei einem Tauchgang im Sommer 2015 am Grund in eine Höhle nach einem Hummer griff und die Muräne übersehen hatte, die sich dann unlösbar in seinem Handgelenk verbiss. „Ich wunderte mich, was Branimir da unten in 20 m Tiefe die ganze Zeit machte", erinnert sich Patrick. Als sein Freund dann nach etwa fünf Minuten an die Oberfläche kam, hing die Muräne tot an seinem Handgelenk. Er hatte ihr mit der freien Hand die Kiemen zugedrückt und sie erwürgt, um sie aus der Höhle ziehen zu können. „Den Hummer hat er dann auch noch hoch gebracht. Total cool!", wunderte sich Patrick.

Einheimische kennen Branimir als „Kralj panule". Eine Zeitung hatte ihm diesen Ehrentitel verliehen: „König des Panulafischens". Panula bedeutet, Köderfische beim Angeln etwa auf Zahnbrassen an einer bleibeschwerten Schnur zu schleppen. Branimir fängt mit dieser Technik (auch wegen all der beim Tauchen gesehenen Standplätze) so gut, dass er bei drei Landesmeisterschaften in Folge den ersten Platz belegte und mit dem Wortspiel um seinen Familiennamen zum König gekürt wurde.

Patricks Chartergäste finden also beste Voraussetzungen, wenn sie einmal Zahnbrassen „a la panula" fangen wollen. Zudem vermietet Branimir in seinem Haus auch noch ein schönes Apartment an Angelgäste und grillt mit ihnen hin und wieder gemeinsam den Fang des Tages. Wohnen beim König, was will man mehr?

Blauflossenthune: Gewichte

Länge in cm	Gewicht in kg	Gewicht pro cm in g
117	27,8	237
119	29,5	248
120	28,32	236
122	33,8	277
124	35,3	285
125	32	256
128	34,4	269
130	36	277
131	36,88	282
131	41,2	315
133	38,64	291
136	41,28	304
136	44	324
138	45,28	328
140	47,29	338
143	50,4	352
146	53,68	368
149	57,04	383
150	58,21	388
151	59,39	393
154	63	409
157	66,78	425
160	70,64	442
163	74,76	459
168	85,8	511
170	88,88	523
172	92,05	535
178	102,08	573
181	107,36	593
182	109,12	600
188	128	681
189	126,7	670
196	145	740
208	153	736
215	187	870
233	230	987

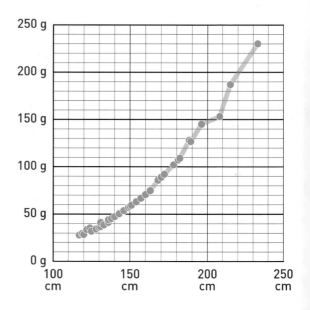

Diese Daten stammen von Blauflossenthunen, die vor Kroatien gefangen wurden. Mit Hilfe der Tabelle können Angler nun das Gewicht von Fischen sehr genau ermitteln, die markiert und zurückgesetzt werden sollen. Dies gilt vor allem für die am häufigsten gefangenen Thune im Bereich von 30-60 kg. Hier wurden Mittelwerte aus jeweils mehreren Fängen errechnet.

Die Zahlen verdeutlichen zudem (bis auf wenige „dicke" Ausreißer) die progressive Gewichtszunahme der Fische:

Sie legen bis zu einer Länge von etwa 1,35 m rund 800 Gramm pro Zentimeter zu. 1,1-1,2 kg sind es bis zu einer Länge von etwa 1,6 m. Danach steigt der Wert bis 1,8 m pro Zentimeter Wachstum auf 1,6 kg, darüber hinaus sind es dann schon 2,0-2,5 kg.

SPANIEN

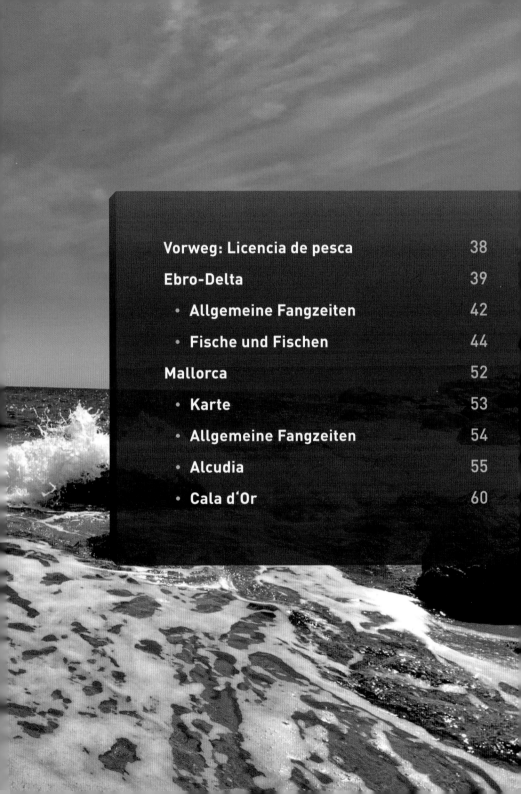

Vorweg: Licencia de pesca

An Spaniens Mittelmeerküste liegen zahlreiche gute Angelreviere, vom **Cap Creus** an der französischen Grenze bis hinunter nach **Gibraltar**, wo auch sehr gut auf große Blauflossen-thune mit Popper gefischt werden kann. Einziges Manko für Urlauber: Nur an wenigen Destinationen können geeignete Angelboote mit Rutenhaltern, Echolot oder gar Ködertank gemietet werden. Zudem ist die Zahl der Skipper und Guides überschaubar.

Voraussetzung, um überhaupt in Spanien angeln zu können, ist der Erwerb der „**Licencia de pesca recreativa**". Dieser Erlaubnisschein ist auf allen Rathäusern, bei den Bootsverleihern und in vielen Angelgeschäften erhältlich. Die Lizenz wird immer für mindestens ein Jahr erteilt und mit ihr darf man in allen Binnen- und Küstengewässern Kataloniens angeln.

Reinhold Schwarzwälder angelt seit Jahren am Ebro-Delta. Von ihm stammen viele der hier vorgestellten Tipps.

Für den Fang pelagischer Fische wie etwa Blauflossenthun oder Albacore ist allerdings eine separate Erlaubnis erforderlich. Diese Genehmigung ist kostenlos und wird vom Katalonischen Meeresanglerverband erteilt. Allerdings gilt diese Lizenz nicht für Personen, sondern für Boote. Sie erlaubt etwa auch die Mitnahme eines maßigen Bluefins pro Tag und Boot während der Saison. Diese Zeitspanne war in den vergangenen Jahren aber wegen Erfüllung der chronisch geringen Quote oftmals schon nach wenigen Tagen vorüber.

Wind türmt vor dem Delta oft steile Kreuzseen auf. Dann kann nur im Mündungsbereich geangelt werden.

Ebro-Delta

Ein wichtiges und auf Urlauber eingestelltes Angelzentrum an der katalanischen Küste ist das etwa 180 km südwestlich von Barcelona gelegene Ebro-Delta mit dem Ort **Riumar**. Das Delta verdankt seine Existenz der rund 4000 Jahre alten Landwirtschaft: Über unzählige Bewässerungskanäle haben sich im Lauf der Zeit immer mehr Sedimente abgelagert und sich das Land über die Zeit rund 20 km ins Meer hinaus geschoben. Der Fluss bringt aber auch viele Nährstoffe, die das große Fressen von Algen und Zooplankton bis hin zu Futterfisch für die großen Räuber erst ermöglichen.

Das Delta und das Meer unmittelbar davor gehören deshalb zu den fischreichsten Gebieten des Mittelmeers. Im Fluss tummeln sich kapitale Welse, in der Brackwasserzone Wolfsbarsche und Bluefish und im offenen Meer können seit der Erholung der Thunfischbestände wieder regelmäßig 40-100 kg schwere Bluefins gefangen werden. Vereinzelt erreichen die Fische ein Gewicht von 200 kg und mehr. Der bislang größte Thun lag 2015 knapp über der 500-kg-Marke.

Dass solche Giganten überhaupt gelandet werden können, liegt an dem auch für dieses Delta so typisch flachen Wasser. Darüber hinaus bietet Riumar eine exzellente Fischerei auf Palometa (Große Gabelmakrele) teils in Weltrekordgrößen.

AUSSICHTSREICHE ANGELSTELLEN

An den ehemaligen Miesmuschelbänken vor **Le Ampolla (6)** liegt noch genug Struktur am Grund, um auf Amberjack und Dentex zu angeln. In den flachen Buchten vor Le Ampolla ziehen die großen Austern-Zuchten **(8)** Dentex an. Am Leuchtturm **(9)** kann mit Jig auf Amberjack oder Dentex gefischt werden. Nordöstlich davon ab der Tiefenlinie von 35 m kommen Goldmakrele, Little Tunnys, Atlantische Bonitos und Makrelen vor.

Die neuen Miesmuschelfarmen liegen nun südlich vom Delta (15). In nur 15 m Tiefe können dort oftmals Amberjack, Dentex und Große Gabelmakrelen gefangen werden.

Große Thune werden häufig um die (immer mal wieder zwischen **Ametlla de Mar** und **Calafat** verlegten) Thunfischmastkäfige (4) abgerissen: Unter 130er Tackle sollte man erst gar keinen Versuch wagen. Weiter draußen, an der 50-m-Linie können Thune mit Popper gefischt werden.

An den Ölförderplattformen (11) stehen meist Bluefins in allen Größen. Zwischen den Plattformen und der Verladestation liegt auch ein Jigger-Paradies in 120 m Tiefe auf alle Barscharten. Leider lässt einen das Arbeitsschiff dort nicht auf mehr als 100 Meter an die Strukturen heran.

6. Alte Muschelbänke: N 40° 47' 42" – E 0° 46' 17.976"; N 40° 48' 11.988" – E 0° 48' 23.976"; N 40° 47' 35.988" – E 0° 51' 36"; N 40° 45' 11.988" – E 0° 53' 59.964"

8. Aktive Muschelbänke „Bahia del Fangar": N 40° 46' 17.976" – E 0° 44' 53.988"

9. Leuchtturm von **Riumar**: N 40° 42' 54" – E 0° 55' 35.976"

11. Ölförderplattform: N 40° 42' 47.988" – E 1° 21' 18"

12. Muschelbänke „Sant Carles de la Rápita": N 40° 37' 5.988" – E 0° 38' 23.964"

15. Aktive Muschelbank: N 40° 32' 36.78" – E 0° 33' 34.956"

WRACKS:

3. SKOGLAND (+1917): Das 100 m lange Wrack liegt in 75 m Tiefe. Koordinaten auf 100 m-1 km genau: N 41° 3' 20.664'' – E 1° 10' 19.091''

5. CAVOUR: Das Wrack ist 116 m lang und liegt in etwa 45-52 m Tiefe. Lloyds gibt die Position mit 2.5 sm östlich von **L' Ametlla de Mar** an. Koordinaten auf 100 m-1 km genau: N 40°54.811' – E 00°53.999'.

7. MEDJERDAN (+ 1917): Das Passagierschiff ist 86 m lang liegt in etwa 70 m Tiefe: N 40° 47.814' – E 0° 55.346'. Die Koordinaten sind ungefähr auf 100 m-1 km genau.

1. N 41° 05' 50.46" – E 1° 14' 16.998''

2. N 41° 03' 19.08'' – E 1° 10' 12.971''

10. N 40° 43' 0.156" – E 1° 3' 24.156"

13. N 40° 34' 51.276" – E 0° 51' 59.148"

14. N 40° 33' 10.08" – E 0° 42' 15.624"

16. N 40° 27' 48.24" – E 0° 39' 20.808"

17. N 40° 27' 20.376" – E 0° 31' 55.308"

18. N 40° 23' 33.108" – E 0° 28' 21.828"

19. N 40° 21' 55.764" – E 0° 40' 49.62"

20. N 40° 21' 39.24" – E 0° 27' 31.5"

ALLGEMEINE FANGZEITEN

BLAUFLOSSENTHUN

Ende Juni-Oktober (Ist der August sehr heiß, stehen die Fische küstenfern.)

Gewicht: 35-500 kg,

Technik: Driften mit Sardine, Popping, Jigging

GROSSE GABELMAKRELE (PALOMETA)

Ende Mai-Oktober, die großen später

Gewicht: 8-30 kg

Technik: Trolling mit Köderfisch, Kunstköder, Spinnfischen

BLUEFISH

April und Oktober

Gewicht: Bis etwa 10 kg

Technik: Schlepp- und Spinnfischen mit Kunstködern

WOLFSBARSCH

Oktober- Mai

Gewicht: 2-10 kg

Technik: Abends mt Wobbler und Gummifisch

BERNSTEINMAKRELE (AMBERJACK)

September-Oktober

Gewicht: Bis 50 kg

Technik: Jiggen, Trolling

FALSCHER BONITO (LITTLE TUNNY)

Ab Juni

Gewicht: bis 15 kg

Technik: Trolling mit Kunstködern

FREGATTMAKRELE

Juni-Anfang Oktober

Gewicht: 1-2 kg

Technik: Naturköder, kleine Kunstköder

ATLANTISCHER BONITO

Juni-Oktober

Gewicht: bis 6 kg

Technik: Trolling mit Kunstködern

MAKRELEN

Sommermonate

Gewicht: Bis zu 2 kg

Technik: Paternoster, Kleine Kunstköder, Fliegenrute

GOLDMAKRELE

August-Oktober

Größe: Bis zu 1 m lang

Technik: Trolling mit Kunstködern

Allerdings hat das flache Delta auch einen erheblichen Nachteil. Es gibt dort von keiner Seite Windschutz oder Deckung wie andernorts durch Küstengebirge. Entsprechend viele Angeltage fallen deshalb dem Wetter zum Opfer. Wind kann in der flachen Mündung zudem so steile Wellen aufschieben, dass ein Herauskommen aus dem Delta für kleinere Boote sehr schwierig wird. Das Risiko ist deshalb relativ groß, während eines einwöchigen Aufenthalts nicht zum Angeln zu kommen. Deshalb sollten zumindest zwei Wochen eingeplant und an windigen Tagen die Umgebung erkundet werden:

Peniscola südlich des Deltas ist einen Ausflug wert. In der mächtigen Zitadelle wurde der Historienfilm „El Cid" sowie die 6. Staffel der Serie „Game of Thrones" gedreht.

Nur wenige Kilometer nördlich von der eher reizlosen Urlaubersiedlung **Riumar** liegen die Orte **L'Ampolla** und **L'Amettla de Mar** mit schönen Stränden und Flaniermeilen. Für Familien mit Kindern lohnt sich ein Ausflug nach **Salou** (südlich von **Tarragona**) in den Vergnügungspark „Port Aventura" (www.portaventura.de). Wenige Kilometer davor liegt der Küstenort **Cambrils**. Auch er hat einen Vergnügungspark zu bieten, vor allem aber für Papa ein großes Meeresangelgeschäft mit der Hauptvertretung für **Williamson-Lures**.

Am Delta sind Dienstleister auf die Bedürfnisse von Anglern eingestellt. Der bekannteste Haus- und Bootsvermieter in Riumar ist **Julio Bellaubi**:

www.ferienhaeuser-ebrodelta.com

Direkt neben Bellaubi liegt die Bootsvermietung **Enrique Navarro**: www.pescaebro.com

Das neuere **Delta Gamefishing** hat neuere Charterboote: www.deltagamefishing.com/de

Das Revier vor dem Delta weist sehr wenige Strukturen auf, zudem wird es durch den Sedimenteintrag und die Herbst- und Winterstürme jedes Jahr grundlegend verändert. Die guten Plätze zu finden ist deshalb herausfordernd und manchmal auch schwierig:

Boote in allen Größen gibt es am Ebro zu mieten. Doch Vorsicht: An manchen hängen noch 2-Takter und Echolote sind low budget.

Gute Stellen (Untiefen) verschwinden einfach übers Jahr und neue tauchen aus dem Nichts auf. Selbst Waypoint-Koordinaten von fängigen Plätzen haben äußerst kurze Halbwertzeiten. Dies gilt auch für einige Wracks, die bereits völlig von Sand und Schlick bedeckt sind. Anfängern ist deshalb dringend empfohlen, zunächst für einige Tage mit einem erfahrenen Skipper auf Tour zu gehen, bevor sie es auf eigene Faust versuchen.

FISCHE UND FISCHEN

Folgende Empfehlungen stammen aus der Feder von Reinhold Schwarzwälder. Er angelt seit vielen Jahren mit Erfolg am Delta und kennt die Bedingungen bestens: Vor dem Delta können Angler über das Jahr mehr als ein Dutzend interessante Arten fangen. Das Spektrum reicht von großen Blauflossenthunen über Palometa und Amberjack bis hin zu verschiedensten Grund- und Plattfischarten. Selbst Blauhaie und Kuhnasenrochen gehen regelmäßig an den Haken. Fast alle Arten haben aber „ihre" Fangzeit und reagieren auf manche Köder besonders gut:

BLAUFLOSSENTHUN

Die klassische Fischerei mit Sardinenanfüttern vom driftenden oder verankerten Boot aus, das sogenannte Bromeo, ist die Methode der Wahl, um regelmäßig große Thune zu haken (siehe Seite 65). In dem flachen Wasser vor dem Delta rauben Bluefins auch sehr häufig an der Oberfläche. Für Angler, die mit Popper, Stickbait oder anderen Kunstködern (siehe Seite 74) die Grenzen ihrer Kraft an schweren Thunfischen testen wollen, ist das Delta deshalb eines der besten Reviere im gesamten Mittelmeer. Auch das Jiggen auf die Boliden wird immer erfolgreicher praktiziert.

SKIPPER
RON NIEUWEBOER

Skipper bringen ihre Kunden an den Fisch. Gute Skipper verlieren dabei nie die Geduld und erklären ihren Gästen mit Blick auf vielleicht all zu große Wünsche offen, was sie erwarten können. So einer ist Skipper Ron am Ebro-Delta, sagen viele, die ihn kennen. **Ron** hat das Angeln in den Genen:

Schon als sechsjähriger Bub saß er vor Großmutters Tür an einer der vielen holländischen Grachten und stippte auf Weißfische. Seitdem begleitet ihn die Leidenschaft für alles, was Flossen und Schuppen hat. Nach einigen Jahren bei der Marine zog Ron 1996 ans spanische Ebro-Delta und verdient seitdem seinen Lebensunterhalt als professioneller Skipper und Guide. Dort fängt Ron vom Bluefish bis zum Bluefin alles, was die Küste zu bieten hat. Einige seiner Gäste sind mit der Spinnrute und Popper oder Casting Jig unterwegs, um im flachen Delta Blauflossenthune zu fangen. Fische bis 87 kg wurden so schon auf Rons Boot bezwungen. Andere Angler fischen lieber konventionell: Mit Bootsrute, Multirolle und 80er Schnur. „Jeder wie er mag, ich bin für alles offen", sagt Ron und bietet auch Fliegenfischen auf Goldmarkelen oder Waller-fischen im Ebro an. Auch dafür ist Gerät an Bord. Und um den Service rund zu machen, vermittelt Ron auch auf Wunsch Unterkünfte, vom günstigen Apartment bis zur luxuriösen Villa mit Pool.

www.roned.de · Email: ronedspanje@gmail.com · Tel.: 0034 610 427 459 (auch WhatsApp)

Rons Boot: eine 7 m lange Seafox mit 175 PS

Die Pheromone (Signalduftstoffe) der Thune in den Mastkäfigen locken wilde Fische an.

Die Thunfischschwärme zu finden, ist die erste Herausforderung. Etliche Fische halten sich meist um die Thunfischmastfarmen vor **L'Amettla de Mar** auf, die etwa 12 Boots-Kilometer nördlich vom Delta liegen. Angler, die sich auf Thun spezialisieren, wählen deshalb den alten Fischerort und nicht **Riumar** als Standort, auch deshalb, weil **L'Amettla** relativ windgeschützt liegt, und von dort fast immer zu den Mastfarmen hinausgefahren werden kann. Zudem liegt ein weiteres gutes Revier etwa 5 km nördlich von **L'Amettla** vor einem stillgelegten Kraftwerk. Dort rauben Thune vor der Küste oftmals an der Oberfläche und können mit Poppern befischt werden. Boote vermietet **www.topfisher.cat**.

GROSSE GABELMAKRELE (PALOMETA)

Die Palometa-Fischerei mit Kunstködern ist im Juni bestens, wenn nach Erreichen der magischen 20°-Wassertemperatur die ersten hungrigen Palometa das Delta unsicher machen. Dann sind die Fische in Trupps unterwegs und entsprechend futterneidisch, was Kunstköderanglern (Gummifisch, Wobbler) sehr entgegenkommt. Die Durchschnittsgröße liegt zwar zunächst bei 8-15 kg. Das fehlende Gewicht machen die Fische aber durch ihre große Anzahl wieder wett. 3-4 Palometa können dann gefangen werden.

Im September werden die Palometa dann weniger, aber auch sehr viel größer. Ihr Durchschnittsgewicht liegt dann bei 20 kg, Ausnahmefische toppen die 30-kg-Marke. Gefischt wird dann auch mit geschlepptem Köderfisch, etwa Meeräschen oder kleinen toten Barrakudas. Auf sie sprechen Großfische oftmals besser an als auf Kunstköder.

Eine gute Fischerei mit Wobbler und Co. startet wieder, wenn die Palometa im Oktober bei fallenden Wassertemperaturen in den Flusslauf ziehen und dort deutlich sichtbar in den Futterfisch-Schwärmen rauben. Dann können sie auch gezielt mit allen Arten von Kunstködern angeworfen und gefangen werden. Bei größeren Palometa funktioniert auch „Bait und Switch" gut. Das heißt, die Fische mit natürlichen Ködern ans Boot teasen und dann gezielt mit Kunstködern anwerfen. Diese Methode ist vor allem Fliegenfischern empfohlen.

Auf Palometa kann spannend und sportlich auch ohne Boot geangelt werden: am Badestrand von Riumar. Dazu muss man frühmorgens mit dem ersten Licht den langen Strand nach Raubaktivitäten im flachen Wasser absuchen, dann so schnell wie möglich durch den Sand dorthin rennen und einen Wobbler oder Gummifisch servieren. Wenn sich dann hinter dem Köder eine Welle aufbaut und ein 25 kg schwerer Palometa den Köder inhaliert, hält die Atemlosigkeit mindestens noch 30 weitere Minuten an.

Ein doppelter Grund zur Freude: Palometa sind stark im Drill und gut auf dem Teller.

Kleine Barrakudas gibt es im Supermarkt, sie sind gute Schleppköder für Palometa.

In der Dämmerung sind Spinnfischer aktiv und fangen im Herbst auch im Fluss.

Kunstköder in „Naturfarben"
laufen gut.

BLUEFISH

Die Bluefish/Blaubarsche treiben sich vom Frühling bis in den Herbst in und an der Ebromündung herum. Anfang April sind es noch größere Einzelfische. Spätestens ab Mitte April, je nach Wassertemperatur, kommen sie dann in größerer Zahl vor. Blaubarsche sind für viele Ebroangler der Brot-und-Butter-Fisch und durch ihre Sprungfreude im Drill auch für die Fliegenfischer immer eine schöne Herausforderung.

Eine gute Hechtausrüstung sorgt bei der Bluefish-Angelei für maximalen Spaß. Bluefish können ebenfalls sehr gut frühmorgens vom Strand aus ohne Boot gefangen werden. Stahlvorfach ist wegen der scharfen Zähnchen Pflicht.

WOLFSBARSCH

Die beste Fischerei startet Ende Oktober und steigert sich bis Ende Dezember/Januar mit zahlreichen aber auch größeren Fischen. Dann flacht die Menge etwas ab, aber kapitale Fische werden weiterhin gefangen. Ab Ende Mai, bei einer Wassertemperatur von ca. 20° C, werden die Wolfsbarsche dann schlagartig kleiner und bis Oktober lässt sich kaum mehr ein guter Fisch überlisten.

Die Winterfischerei am Ebro ist nachts am besten. Dazu kann vom Ufer aus mit Kunstködern gefischt werden, aber auch vom Boot: Das Boot wird dabei seeseitig vor den sich brechenden Wellen verankert und schwimmende Wobbler in den Surf geworfen. Gute Kunstköder sind etwa der **Rapala Max Rap 11 cm** und 15 cm in der Farbe „Mullet", sowie entsprechende Gummifische mit Bleiköpfen.

AMBERJACK

Die Amberjacks ziehen in Trupps um das Delta und sind überall und nirgends. September-Oktober ist die Zeit der großen und vielen Bernsteinmakrelen. Fische um 50 kg können gefangen werden, wenn Angler und Gerät den harten Kämpfern gewachsen sind. Die Stellen zum erfolgreichen Amberjack-Jiggen sind alle weit vom Delta entfernt und dort, wo Strukturen vorkommen. Als erfolgreiche Herbstplätze haben sich die ausgedehnten Muschelzuchten und Austernbänke vor **Ampolla** und die Thunfisch-Käfige vor **L'Amettla** erwiesen: In dem nur ca. 40 – 50 Meter tiefen Wasser lassen sich auch mit leichteren Jigs gute Erfolge erzielen.

Gummis mit Geschmack: Ebro-Angler glauben an 18-20 cm lange Shads mit Fischgeruch von Johnson (oben). Zum Spinnfischen vom Ufer auf Bluefish und Palometa werden sie an einen 40 Gramm schweren Kopf gehängt. Bei Storm-Shads (unten) ist das Gewicht schon im Körper integriert.

LITTLE TUNNY (FALSCHER BONITO)

Little Tunny kommen meist im Juni ab einer Wassertemperatur von 22-23° C in großen Schwärmen vor dem Delta an. Massenfänge in der Klasse von 10-15 kg sind mit verschiedensten Kunstködern leicht möglich. Little Tunny sind auch für Fliegenfischer interessant, da sie ebenso wie kleinere Bluefins sehr gut auf Streamer reagieren.

Little Tunny schmecken nicht jedem. Nach dem Fang müssen sie sofort ausgeblutet und auf Eis gelegt werden.

Für Melva und Makrele sind Sabiki-Rigs ideal: an die lange Spinnrute damit, ans Ende einen kleinen Pilker – und mitten rein in die Schwärme.

FREGATTMAKRELE

Die Melvas kommen mit den Makrelenschwärmen im Juni/Juli und verschwinden meistens Anfang Oktober wieder.

Die Fische wiegen im Schnitt 1-2 kg und sind am leichten Gerät und an der Fliege echte Spaßbringer. Die Fische können leicht ausgemacht werden, da sie weithin sichtbar an der Oberfläche rauben.

ATLANTISCHER BONITO

Die Atlantischen Bonitos (Bonito del Norte) sind leider spärlicher gesät und eher klein. Fische mit 6 kg sind schon große Exemplare und es kommt eher zu Zufallsfängen beim Angeln auf andere Fischarten. Die hervorragenden Speisefische ziehen oftmals mit den Melva-Schwärmen. Dann sollte man mit Zockern oder kleinen Jigs fischen. Das ist dann sehr selektiv, denn die Bonitos stehen immer etwas tiefer.

MAKRELEN

Sobald die Makrelen im Sommer in Schwärmen eintreffen, werden die Fische zur „Plage". Fliegenfischer freuen sich aber am starken Drill von außergewöhnlich großen Makrelen mit Gewichten von über 2 kg. Für das gezielte Makrelenfangen hat sich das Füttern mit kleingeschnittenen Sardinen sehr gut bewährt.

Die Goldmakrelen treffen meistens im August ab Wassertemperaturen von 25° C in Massen ein. Allerdings sind die ersten Fische ziemlich klein, bis zum Oktober kann der hervorragende Speise- und Sportfisch fast in beliebiger Menge gefangen werden. Aber erst im Oktober, wenn die Anzahl geringer wird, steigt das Stückgewicht deutlich an. Größen bis zu 1 m sind dann möglich.

Der Mannheimer Gerätehändler **Kai Häffner** hat am Ebro selbst schon 200 kg schwere Bluefins gefangen und gibt gerne Rat.

Angelsport Häffner
Mannheim

www.tackle-import.com

Catch and release: Auch bei Skipper Toni freuen sich immer mehr Angler „ihren" Fisch wieder ein Stück weit in die Freiheit zu begleiten.

Mallorca

Im Nordwesten Mallorcas kurbeln zwei Meeresströmungen die Nahrungspyramide an und machen die Region so fischreich: Dort schiebt sich warmes Wasser aus dem Atlantik in die vom spanischen Festland her kommende kühle saltreiche Balearen-Front. Dieses Atlantik-Wasser strömt zunächst über Gibraltar entlang der nordafrikanischen Küste und bildet gigantische Wirbel, die sich ablösen und dann bis zu den Balearen wandern.

Weil die Larven der Blauflossenthune in diesen Mischzonen reichlich Nahrung finden, sind die Balearen das wichtigste Laichgebiet der Fische im Mittelmeer. Im Norden der Insel, vor dem Cap Formentor, können Thune sogar ganzjährig gefangen werden, denn dort kommt ihr Futterfisch, die Mittelmeer-Makrele, in großen Mengen vor. Im Norden ist Port d'Alducia deshalb der beste Hafen für Ausfahrten auf gewichtige Bluefins oder Schwertfisch. Vor Calad'Or im Südosten werden vor allem Little Tunny und Albacore (Weißer Thun) an leichtem Gerät erbeutet. Die Chance auf einen ordentlichen Blauflossenthun besteht auch dort, ist aber nicht so groß wie im Norden.

Die erfreuliche Erholung der Bluefin-Bestände hat auch eine Kehrseite: Fischer beobachteten von 2013 bis zur Drucklegung dieses Buches einen beständigen Rückgang der Amberjack-Vorkommen im Süden Mallorcas und vor allem auch um Ibiza. Sie vermuten, dass immer mehr Thune die kleinen Amberjacks als Nahrungsquelle nutzen.

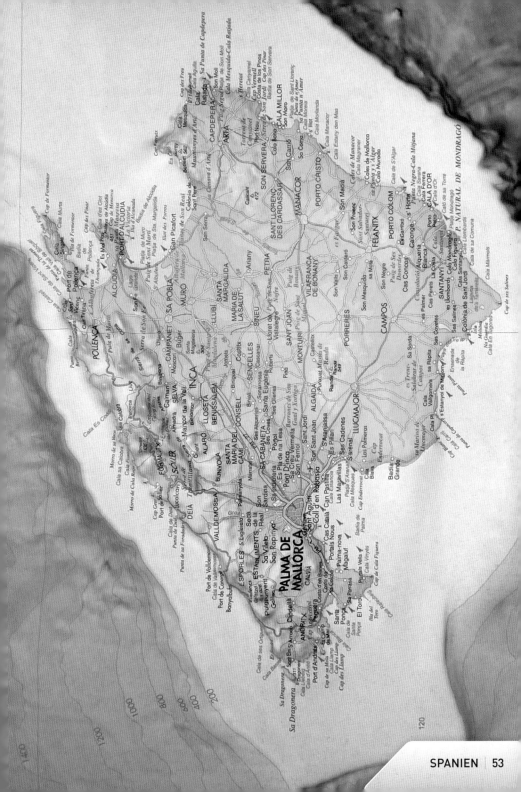

ALLGEMEINE FANGZEITEN

BLAUFLOSSENTHUN

April bis Ende Oktober, beste Zeit
Juli-August

Gewicht: Durchschnittlich 80 kg

Technik: Ankern mit lebendem
Köderfisch

SCHWERTFISCH

April-Mai und September-Oktober

Gewicht: bis 140 kg

Technik: Driften in 200 m Tiefe

BERNSTEINMAKRELE (AMBERJACK)

April

Gewicht: Durchschnittlich 17-25 kg

Technik: Tiefangeln mit Kalmar

WEISSER THUN (ALBACORE)

Ende Juni bis Ende Juli

Gewicht: 5-20 kg

Technik: Trolling

FALSCHER BONITO (LITTLE TUNNY)

Ab Juni

Gewicht: 10-20 kg

Technik: Trolling

GOLDMAKRELE

September

Gewicht: Durchschnittlich 1-2 kg

Technik: Trolling

ZAHNBRASSE (DENTEX)

In den Wintermonaten

Gewicht: bis 12 kg

Technik: Trolling mit Kalmar

PETERSFISCH

Beifang beim Thunangeln

Größe: 1-2 kg

Näher dran geht's nicht: Blick aus dem Apartment auf die Marina und den kinderfreundlichen flachen Strand von Port d'Alcudia

ALCUDIA

Port d'Alcudia und die Stadt **Alcudia** sind durch einen kilometerlangen feinen Sandstrand verbunden, der auch in der touristischen Hauptsaison viel Platz bietet. Die Gemeinde mit über 4000-jähriger Geschichte bietet zudem viele Sehenswürdigkeiten mit Ausgrabungen aus der Römerzeit oder der historischen Altstadt mit ihren Renaissance-Bauten. An windigen oder angelfreien Tagen sind mit dem Auto in wenigen Minuten Ausgangspunkte für Wanderungen in allen Schwierigkeitsgraden zu erreichen.

Um Mallorca lebt ganzjährig eine Subpopulation von Blauflossenthunen. Auf sie kann wetterabhängig bis auf die Laichzeit (Mitte Mai-Mitte Juni) nahezu das ganze Jahr gefischt werden. Weitere Thune ziehen zum Laichen aus dem Atlantik an die Balearen und bleiben dort bis Ende August; Juli-August sind deshalb die besten Angelmonate. Von Port d'Alcudia aus operiert der lizensierte Skipper **Toni Riera**. Er gehört zu den besten und zuverlässigsten auf der Insel.

Auf Thun und Schwertfisch angelt Skipper Toni vor dem Kap **Formentor** mit lebendem Stöcker (span. Sorel). Deshalb heißt es zunächst am Schelf der Insel mit „Makrelenfliegen" am Paternoster Köderfische fangen. Dann ankert der Skipper seine **SQUITX** an einer Kante in etwa 100 m Tiefe.

Das Fanggebiet ist eine hufeisenförmige Einbuchtung des Inselschelfs im Nordwesten: Die Thune und Schwertfische ziehen dort entlang der 100-Meter-Linie auf der Jagd nach Stöcker (Stachelmakrelen), die dort in Schwärmen vorkommen.

Gefischt wird mit 80er Gerät, Fluorcarbon-Vorfächern (1 mm Durchmesser, etwa 4-5 m lang) und Circle Hooks von Mustad. Beim Fischen mit Lebendködern wird ein kleiner Wirbel in das Vorfach gecrimpt. Er verhindert das Verdrallen der Montage, wenn der Köder in der Tiefe im Kreis schwimmt. Am Übergang vom Vorfach zur Hauptschnur wird ein Bleigewicht eingeschlauft, das an einem dünnen Stück Mono hängt.

Die lebenden (und möglichst großen!) Stöcker werden hinter dem Kopf durchs Fleisch gehakt, ohne die Wirbelsäule zu verletzen. Gefischt wird mit drei Ruten in Tiefen von 90 m, 60 m und 40 m. Leere Plastikflaschen dienen als Schwimmer. Zudem wird mit zermahlenen Sardinen oder anderem Kleinfisch per Sardomat (Seite 70) eine Duftspur gelegt.

In einem neuen Fanggebiet am „Hufeisen" entdeckte Toni 2015 besonders gewichtige Thune. Weil unter seinen Chartergästen viele Touristen sind, die noch nie geangelt und deshalb dort schon einige größere Fische verloren haben, fährt Toni mit ihnen diese Stelle eher selten an. Der schwerste Thun, den ein Gast damals dort bezwingen konnte, war 2,22 m lang und wog etwa 225 kg!

Beim Warten auf den großen Fisch kann unterdessen weiter auf Stöcker geangelt werden, die unten am Grund bleiben und als Köder für Petersfisch dienen. Dazu wird mit einer sogenannten Überbeißmontage gefischt:

Das Paternostersystem besteht aus 4-6 Haken (etwa Größe 2) in deren Hakenbogen die Makrelenfliegen eingebunden werden. Nimmt ein Stöcker die Fliege, hängt der Einzelhaken vor seinem Maul.

Der zappelnde Sorel lockt die Petersfische an. Sie saugen mit ihrem rüsselartigen großen Maul die Beute ein und werden an dem Einzelhaken gefangen (siehe Seite 145).

Mit dieser Methode können an manchen Tagen erstaunlich viele Petersfische erbeutet werden. Dass die diskusförmigen Fische keine guten Kämpfer sind, machen sie auf dem Teller mehr als wett: Sie schmecken köstlich.

225 kg pure Kraft. Im „Hufeisen" sind noch größere Thune, sagt Skipper Toni Riera.

EINER VON UNS:
SKIPPER TONI RIERA

Toni fing mit 19 Jahren seinen ersten Thun und führt seit 1998 ein Fangbuch. Bis 2015 waren darin über 1600 Blauflossenthune und Albacore vermerkt. Den Statistiken zufolge werden größere Thune mit regelmäßig über 100 kg im April und Mai gefangen. Beste Zeit ist ab Mitte Juli (nach dem Vollmond) bis Ende August. Dann steigt der Durchschnitt auf über einen Bluefin pro Tag. Schlecht sind die Tage um den Vollmond, weil die Thune dann nachts fressen. Die meisten Fische (80%) sind etwa 180 cm lang und damit um die 80 kg schwer. Der schwerste Thun, den Toni bislang fing, wog 240 kg.

Toni ist auf der Insel auch als Schwertfischexperte bekannt. Seinem Fangbuch zufolge hatte er in fünf Jahren 96 Strikes von Schwertfischen, konnte 51 Fische haken und 24 landen. Der schwerste Schwertfisch wog 140 kg, sein Drill dauerte zwei Stunden. Die Bestände in Tonis Angelrevier an der Schelfkante räumten Longliner 2011 allerdings nahezu leer. Seitdem baut sich die Population dort wieder langsam auf. Toni hat unterdessen einen neuen Platz weiter draußen erkundet, wo die Fische tagsüber in 200 m Tiefe gefangen werden können – wenn es windstill ist

Tonis SQUITX ist eine 10,4 m lange Rodman. Der Kampfstuhl außenbords verhindert, dass Thune beim Kreisen am Boot das Vorfach am Propeller oder den Trimmklappen kappen.

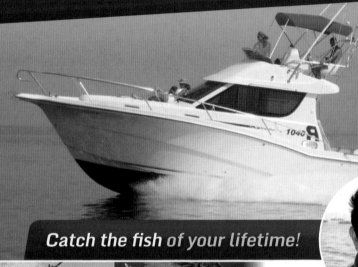

CALA D'OR

In dem touristisch umtriebigen **Cala d'Or** m Südosten der Insel hat der deutsche Skipper **Michael Standor** (www.balearic-sportfishing.com) seine Basis und fischt dort mit der **PILAR**, einer 38-Fuß Bertram. Michaels Spezialität ist das Spinn- und Fliegenfischen auf kleinere Arten wie Albacore und Little Tunny.

Ab Mitte Mai beginnt die Vorsaison auf Albacore und kleinere Bluefins. An manchen Tagen können an der Spinn-oder Schlepprute bis zu sechs Albacore zwischen 5 und 10 kg gefangen werden. Wegen des noch kühleren Wassers ist dies auch die beste Zeit für Mittelmeer-Speerfisch, 1-2 Strikes pro Woche kommen dann vor.

Ab Anfang Juni werden vermehrt Albacore gefangen Zudem ziehen immer mal wieder Trupps von halbstarken Bluefins in der Klasse von 25-45 kg durch. Ab Mitte Juni bis Ende Juli ist Hochsaison auf Albacore, Massenfänge von bis zu 25 Fischen am Tag sind dann möglich.

Ab Ende Juli/Anfang August beginnt das Fischen auf Blauflossenthun zumeist vom geankerten Boot. Ein Hotspot ist die (allerdings weiter entfernte) im Süden liegende Untiefe „El Banco". Dort wird für mehrtägiges Fischen geankert, wenn es das Wetter erlaubt. Diese fangträchtigen Touren kosten knapp 1900 € pro Person (Stand 2015). Von Oktober bis Ende März fischt Michael vor **Ibiza**.

Michael Standor freut sich über einen Bluefin Tuna.

Bei Competitions wird „Strecke gelegt". Albacore und Atlantic Bonito waren der Tagesfang.

TECHNIK

Abends um Felsen bei auflaufender Flut ist Wolfsbarschangeln bestens.
Der junge Aron fing diesen 5,6 kg schweren Prachtkerl im spanischen Löwen-Golf.

Wie, wo und wann?

„Fangen ist einfach: am richtigen Ort, zur richtigen Zeit, mit dem richtigen Köder!" – Diese oft kolportierte Binsenweisheit gilt vor allem im Mittelmeer, wo die Schuppenträger nach tausenden Jahren Befischungsdruck gewitzt geworden sind. Die hier vorgestellten Methoden haben sich dort alle in der Praxis bewährt.

Den Auftakt beim „Wie" macht der Rote Thun. Einerseits, weil der von Anglern Blauflossenthun (oder englisch: Bluefin Tuna) genannte Fisch wegen seiner Größe und Kampfkraft weit oben auf deren Wunschliste steht. Zum anderen aber, weil Blauflossenthune von allen größeren Fischen im Mittelmeer mittlerweile am leichtesten zu fangen sind. Die sicherste Methode ist das Anfüttern und Fischen mit Sardinen von einem driftenden Boot aus. Die hier beschriebene Grundtechnik führt auch Newcomer zum Erfolg.

Einen wichtigen Teil machen die Tipps zum Schleppfischen und dem Fang der besten Köder aus: Hornhecht und Tintenfisch, die lebend geschleppt, eine unwiderstehliche Beute für Amberjack, Palometa & Co sind. Den Abschluss machen einige Vorschläge zum Angeln auf die kleineren aber überaus schmackhaften Vertreter der Kategorie „Bunt und Gestreift". Vor allem beim Fischen auf sie ist Können gefragt. Skipper haben uns aber für alle Flossenträger einige ihrer Tricks verraten und gute Fangplätze preisgegeben.

Traumfisch an Bord! Die Entnahme der teuren Thune ist allerdings streng reglementiert. Skipper mit einer sogenannten ICCAT-Nummer dürfen das.

Driften mit Sardinen

Beim Angeln auf Blauflossenthun ist das Driften und Anfüttern mit fetthaltigen Schwarmfischen wie Sardinen die weltweit sicherste Methode, einen Fisch zu haken. Auch im Mittelmeer: Zumeist beißen die kleineren Thune von 30-60 kg, sie sind am häufigsten. Aber auch Fische mit über 100 kg werden von Spanien bis Griechenland gefangen, und um die Mastkäfige nördlich des **Ebro-Deltas** steht der Rekord bei mittlerweile über 500 kg.

Beim Anfüttern mit Sardinen driftet das Boot ohne Motorkraft in Wind und Wellen und deckt damit nur ein relativ kleines Gebiet ab. Die Platzwahl ist deshalb sehr wichtig und hängt ab von Kriterien wie Strömung, Wind oder den Fangergebnissen der vergangenen Tage. Die Bodenstruktur ist ein weiterer wichtiger Faktor: An Abbruchkanten, Erhebungen, Rinnen oder dem sogenannten Riff vor **Jezera** (Kroatien) verwirbelt das Wasser und setzt mit der Konzentration von Zooplankton die Nahrungskette in Gang. Die ewig hungrigen Thune wissen das.

Eine sichere „Bank" für Newcomer sind Thunfisch-Mastfarmen. Ob vor **Zadar** in der Adria oder etwa **L'Ametlla de Mar** (Spanien): Wilde Thune stellen sich immer wieder an den Käfigen ein, weil sie dort ihre Artgenossen und deren Futter riechen. Allerdings gehen Fische an den unzähligen Ankerseilen von Bojen und Käfigen häufig verloren.

GERÄT

Grundausstattung beim Angeln auf Bluefins sind kräftige Boots- oder Stand-up-Ruten der Klasse 80-130 lb sowie beste Multirollen mit Schiebebremse, etwa von **Shimano** oder **Penn**. Wird zudem mit einem speziellen Wirbel gefischt, um das bis zu 7 m lange Vorfach ein Stück weit auf die Rolle winden zu können, müssen Ruten große Rollerringe haben. Ansonsten kommen sogenannte Wind-On-Vorfächer zum Einsatz. Die Rollen werden entweder komplett mit monofiler Schnur gefüllt oder mit einer Kombination aus hohlgeflochtener **Dacron** (Profis nehmen auch starke **Dyneema** mit bis zu 200 lb) und einem etwa 100 m langen Spitzenstück (Topshot) aus monofiler Nylon-Schnur.

Thune haben extrem gute Augen. Die Färbung der Schnur ist deshalb ein entscheidender Faktor für den Erfolg. Viele Angler setzen auf Transparent oder Rot: An einer roten Schnur über Wasser sieht der Skipper, wohin ein Fisch im Drill zieht. Andererseits schluckt das Wasser die langwellige Farbe schon ab einer Tiefe von etwa 5 Metern. Die Schnur wird für den Thun damit aber nicht komplett unsichtbar, denn im Kontrast zur hellen Wasseroberfläche erscheint sie immer noch als grauer Strich. Wird überdies oberflächennah geangelt, etwa mit einer Freeline, hat selbst rote Schnur (und auch die Wirbel!) Scheuchwirkung.

Fluorcarbon-Vorfächer sind dann geboten, denn der Lichtbrechungsindex von Fluorcarbon liegt näher an jenem vom Wasser. Es ist für Thune deshalb schlechter zu sehen als Nylonschnüre.

TERMINAL TACKLE

Bestes Vorfachmaterial ist das weiche aber hochpreisige SEAGUAR „Fluoro Premier Big Game" mit 0,91 mm Durchmesser und 110 lb Tragkraft. Ähnlich gut ist das „Ace"-Fluorcarbon, das der Online-Händler www.tackle24.de im Programm hat. Es ist ebenfalls vom Weltmarktführer Seaguar, aber als „Eigenmarke" sehr viel günstiger.

Hauptschnur und Vorfach werden beim Fischen mit Multirollen und

Kompromisslos: Eine 80-er Tiagra W mit roter monofiler Schnur und gekrümmtem Rutenfuß. Da kann kommen, was will.

Bootsruten meist durch walzenförmige glatte Wirbel verbunden. Sie passen durch größere Rolleringe und schädigen die Hauptschnur nicht, wenn das Vorfach einige Meter weit auf die Rolle gewunden wird. Solche Wirbel hat die Firma SPRO: 1,1 mm unter der Bezeichnung „Heavy Swivel" im Programm.

Flurocarbon mit 100 lb Tragkraft lässt sich nur schwer knoten. Haken und Vorfach werden deshalb durch eine kleine doppelte Quetschhülse (z. B. von SPRO: je 1,1 mm Durchmesser, 8 mm lang) miteinander verbunden. Spezielle Zangen verhindern, dass diese Hülsen überquetscht und damit das Vorfachmaterial geschwächt wird. Zudem trägt eine Quetschhülse nicht so sehr auf, wie ein Knoten. Wer Sardinen riggt, weiß das zu schätzen.

Die Vorfachöse wird mit einer Metallspirale vor den Thunfischzähnchen geschützt: Diese Spiralen mit einem Durchmesser von 1,2 mm führt etwa SPRO unter dem Namen „Spring Protector". Ein beliebter Haken für das Driftfischen auf Bluefins ist der seit Jahren bewährte Owner Offshore Bait Hook 5129 in den Größen 6/0-8/0. Kostengünstiger ist der Gamakatsu LS-4123. Immer mehr Angler steigen aber auf Circle-Hooks um, etwa den Owner Super Mutu in Größe 6-7.

Skipper Patrick Baier bevorzugt vor Zadar (Kroatien) den Hayabusa Circle Hook in Größe 7. Er lässt sich besser in die Sardine einführen, weil er dünndrähtiger ist als der Owner und auch eine etwas größere Öffnung hat.

Hier wurde die Hauptschnur mit einem Stück hohlgeflochtenem Dacron vor Abrieb am Wirbel geschützt und der Knoten der Hauptschnur mit gewachstem „Rigging Floss" gesichert.

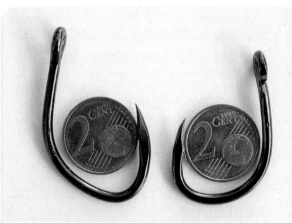

Eine günstige Alternative zum Owner Offshore 5129 (links) ist der Gamakatsu LS-4123. Beide sind starkdrähtig: Das Fluorocarbon knickt deshalb im Öhr nicht zu sehr ab und behält seine Tragkraft.

Der Haken hält sehr gut, weil er komplett durch den Körper gesteckt wird. Eine Edelstahlspirale schützt die Vorfachöse.

ANKÖDERN

Die Hakengröße richtet sich beim Thunfischangeln nach der Größe des Köders, zumeist einer Sardine. Der häufigste Fehler von Anfängern ist der Griff nach viel zu großen Haken: Sie schauen zu weit aus der Sardine heraus, sind schwer und lassen Köder unnatürlich schnell absinken. Für die Montage wird der Haken zum Maul der Sardine hinein- und aus den Kiemen wieder herausgeführt. Dann wird ein Stück Schnur nachgezogen und der Haken so seitlich durch den Körper gezogen, dass das Hakenöhr und die Quetschhülse unter dem Kiemendeckel verschwinden können.

Die Hakenspitze sollte aus der Flanke und nicht aus dem Bauch heraustreten. Das Gewicht des Hakens lässt den Köderfisch dann ebenso wie angefütterte Sardinen breitseits nach unten sinken. Manche Skipper binden das Maul der Sardine zuletzt noch mit einem dünnen Stück Mono-Schnur zu, damit der Haken nicht ausreißt. Ein Einschnitt am Oberkiefer dient der Schnur als Halt.

AUSLEGEN

Ein an die Hauptschnur gehängtes Blei bringt den Köder auf Tiefe. 150 Gramm reichen an ruhigen Tagen aus, aber selbst Gewichte bis zu 400 g sind kein Problem, solange sie weit genug vom Köder entfernt angebracht werden. Hierbei gilt: Je flacher gefischt wird, desto weiter entfernt sollte das Blei vor dem Haken sitzen; 7-10 m sind in der Regel ein guter Abstand.

Das Blei wird mit einem Gummiring an die Hauptschnur geknotet – und wird wieder abgetrennt, wenn es im Drill an der Rute angekommen ist. Ein Luftballon dient als Schwimmer, auch er wird mit einem Gummiring an der Hauptschnur befestigt. Nachts, beim Angeln auf Schwertfisch, kommt noch ein Knicklicht mit hinein. Der tiefste Köder wird als erstes und jeweils am weitesten vom Boot entfernt ausgelegt. Wird etwa vor der Insel **Zirje** (Kroatien) an der Kante zum 200 m tiefen Wasser geangelt, kann der erste Köder in etwa 70 m Tiefe driften, der mittlere auf 50 m und der flache in 20-30 m Tiefe. Die Köder sollten in der Spur der angefütterten Sardinenstücke hängen. Ihr Abstand zum Boot ist deshalb abhängig von der Driftgeschwindigkeit und dem Winkel der Futterspur im Wasser.

Angeln im Stehen mit einem speziellen Harness, wie hier dem „Black Magic", gibt dem Angler mehr Freiheit beim Drill.

Der flachste Köder kann auch an einer Jigrute und Sprinnrolle (oder Multi) als sogenannte Freeline unbeschwert gefischt werden. Dieser Köder treibt ohne Luftballon etwa 30 m vom Boot entfernt und in einer Tiefe von etwa 5-10 m. Die Bremsen werden so eingestellt, dass der Fisch sich beim Biss selbst hakt. Eine Einstellung am 80er Gerät von etwa 10-12 kg sollte ausreichen. Nun heißt es füttern und warten ...

Ein Gerät der Profis: Die „Sardomatic" genannte Mühle im Hintergrund wird mit Sardinen bestückt und zermahlt diese zu einem für Thune betörend duftenden Brei.

ANFÜTTERN

Angefüttert wird zumeist mit Sardinen. Man schneidet die Fische (am einfachsten mit einer großen Schere) in 2-3 Stücke. Es wird mit den Stückchen dann so gefüttert, dass die blitzenden Teile jeweils noch in Sichtweite des Vorgängers in die blaue Tiefe sinken. Drei bis vier Kassetten Sardinen zu je 8 kg gehen in der Regel pro Angeltag über Bord.

Hilfreich ist zudem eine verführerische Duftspur aus Sardinenbrei. Sparsame Angler nutzen dafür grobmaschige Zwiebel- oder Kartoffelsäcke aus Kunststoff. Sie gibt es billig und bündelweise in Einkaufsgenossenschaften für Landwirte zu kaufen. In solch einen Sack kommt eine Kiste zerkleinerter Sardinen und altes Weißbrot.

Der Plastiksack wird außenbords so angebunden, dass er zur Hälfte im Wasser hängt. Durch die Wellenbewegung schwappt er dann beim Driften auf und ab. Dadurch lösen sich nach und nach kleine Stücke und geben eine durchgängige Duft- und Ölspur ins Wasser ab. Hin und wieder kann man den Sack mal auf die Badeplattform legen und drauftreten, das schafft viele neue kleine Stückchen ...

EINNEBELUNGSTAKTIK

Sind Thune am Boot, die nicht beißen wollen, kann es helfen, den unbeschwerten Köder einzuholen und ihn dann gemeinsam mit den Sardinen-Stücken der Futterspur direkt am Boot absinken zu lassen. Manchmal hilft auch das Gegenteil:

Das Füttern wird eingestellt und den frustrierten Fischen dann eine einzige Sardine als Köder vorgelegt. Sind mehrere Fische unter dem Boot, verleitet der Futterneid manchmal einen der Thune zu einem fatalen Fehler.

Skipper **Patrick Baier** vor Zadar hat für beißunwillige Bluefins einen besonderen Trick, die Einnebelungstaktik: Zuerst kommen alle Köder aus dem Wasser und es wird einige Minuten mit ganzen Sardinen gefüttert. Dann geht ein (zuvor durchgekneteter) Brei aus eingeweichtem Brot und Sardinen über Bord. Dieser Brei erzeugt eine Nebelwolke, die den Thunen etwas die Sicht nehmen soll.

Nun lässt man in dieser Wolke sofort 1-2 mit Haken versehene Sardinen locker untergehen, und … „Das hat bis jetzt immer geklappt!", sagt Patrick. Und noch ein Trick: Stehen die Thune tiefer unter dem Boot und wollen nicht hoch, kann ein taumelnder Jig in Größe und Farbe einer Sardine helfen.

In Vollmondwochen werden keine Sardinen gefangen; deshalb sollte man beim Fischhändler rechtzeitig für Vorrat sorgen.

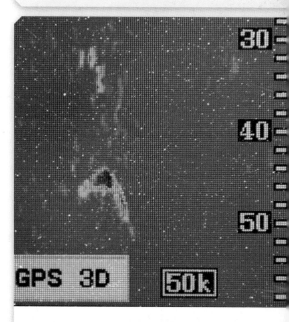

Das Sonar zeigt einen Fisch knapp 50 m unter dem Boot. Erfahrene Skipper können an der Sichelgröße das Gewicht der Thune abschätzen.

Wenn es zu „sportlich" wird, hilft ein Harness. Dessen Bänder dürfen aber nur am Steg des Rollenfußes angebracht werden, damit aus der Rute kein Zweiteiler wird. Aber selbst das ist gefährlich.

Nur hochwertige Bremsscheiben aus Karbon halten den Kräften von Thunfischen auf Dauer stand.

Freelining

MIT SPINNRUTE UND KÖDERFISCH

Mit der Spinnrute im Stehen gezielt auf Thun zu angeln, ist die sportliche Variante gegenüber Bootsrute und Kampfstuhl: Zunächst wird wie üblich mit Sardinenstücken angefüttert. Sind die ans Boot gelockten Fische nicht zu groß, wird ihnen ein Köder an einer passenden Spinn- oder Jigrute präsentiert. „Freelining" nennt sich diese Methode, weil der Köder unbeschwert ist und sich am Wind-On-Leader möglichst natürlich bewegen soll. Viele Angler legen solch eine Montage von Anfang an aus, weil sie oftmals sehr gut fängt. Freelining ist natürlich auch mit Bootsrute und Multirolle möglich.

GERÄT

Ruten für das Freelining müssen für Schnüre mit bis zu 45 kg Tragkraft (PE 10) ausgelegt sein. Zudem sind sie länger als kurze Jigruten und kürzer als lange Popperruten. Solche speziellen Ruten hat **Xzoga** im Programm. Geeignet sind etwa die **Xzoga Taka Pi 7626**, (PE 6) Länge 2,28 m, max. Bremse 15 kg oder die schwerere **Taka Pi 7710** (PE 10), Länge 2,34 m, max. Bremse 25 kg. Optimal sind Stationärrollen mit niedriger Übersetzung, stabil gelagertem Getriebe und Karbon-Bremsscheiben, die die Kräfte bei schnellen Fluchten auffangen. Eine günstigere Einsteigerrolle für kleine bis mittlere Thune ist die **Shimano Saragosa** mit einer Übersetzung von 4,9:1. Sie fasst 600 m geflochtene Schnur mit 50 lb Tragkraft und hat 20 kg Bremsleistung.

Bei dieser Technik wird mit rund geflochtenen Schnüren (etwa der **Power Pro**) geangelt, die eine Tragkraft von etwa 40 kg haben. An das Ende der Hauptschnur kommt per Bimini-Knoten eine Schlaufe für die Befestigung des Wind-On-Vorfachs. Die Bremseinstellung an Spinnrollen liegt bei etwa 12 kg und wird auch im Drill nicht mehr verändert. Die Thune haken sich wegen der harten Einstellung selbst und der Haken sitzt meistens sicher im Maulwinkel des Fisches.

WIND-ON-VORFACH

Beim Freelining mit Spinn- oder Jigruten können Vorfächer wegen der Einlagen der Rutenringe nicht mit einem Wirbel verbunden werden. Das 5-7 m lange Vorfachmaterial (Mono oder Fluorcarbon) mündet deshalb in einem Gewebeschlauch mit einer Schlaufe am Ende. Diese Schlaufe wird durch die Schlaufe an der Hauptschnur gefädelt und somit eine schlanke und glatte Verbindung geschaffen. Sie gleitet leicht durch die Rutenringe und das Vorfach kann ein Stück weit auf die Spule einer Stationärrolle gewunden werden. Diese sogenannten Wind-On-Lea-

BHP-Tackle stellt Wind-Ons für die verschiedensten Bedürfnisse her. Auch für das Poppern: Diese Leader haben kleine Schlaufen, die sich beim Wurf nicht in den Rutenringen verfangen.

der bietet der Handel fertig montiert an. Die des Marktführers **Seaguar** haben eine Länge von 25 ft und sind zum Freeline-Fischen gut geeignet. Der US-Hersteller **BHP Tackle** ist ebenfalls empfehlenswert. Auf seiner Homepage bhptackle.com finden sich auch Anleitungen zum günstigeren Eigenbau und die dafür nötigen Werkzeuge. Solche Schlaufen können dann mit hohlgeflochtener Dyneema (etwa von **Jerry Brown**) selbst hergestellt werden.

Oben: Popperruten für Thune müssen kleine Köder weit werfen, sie sind deshalb länger als jene für Giant Trevally. **Links:** Ein günstiges Einsteigermodell ist die FOCUS von Expert Graphite.

Mit Popper auf Blauflossenthun

An der Oberfläche raubende Thunfische auszumachen und sie dann mit einem Popper anzuwerfen, hat einen hohen Suchtfaktor. Diese Methode ist vor allem im flachen **Ebro-Delta** im Sommer aber auch in der **Nordadria** im Frühjahr erfolgreich, allerdings nur mit bestem Gerät.

RUTEN

Ruten zum Popperfischen auf Thun sind speziell für diesen Zweck konstruiert. Übliche Popperruten etwa zum Angeln auf Giant Trevally sind dafür ungeeignet: Sie sind sehr viel steifer (und auch kürzer), weil sie sehr schwere Popper bewegen müssen.

Thunfischruten sind dagegen etwas länger und im Spitzenbereich sensibler. Sie müssen scheue Thune mit relativ kleinen Poppern und Stickbaits aus größerer Distanz anwerfen können. Eine typische Thun-Rute hat deshalb ein Wurfgewicht von nur 60-120 Gramm. Sie behält aber auch bei Bremseinstellungen von 10 kg und mehr noch ihre Feder- und Rückstellkraft, um den Boliden im Drill Paroli bieten zu können.

Die Wahl einer Rute ist wie der Kauf von Kleidung. Sie muss zur Körpergröße und Armlänge (sowie Kraft) passen. Deshalb sollte mit Händlern vereinbart werden, dass die Rute nach ein paar Testwürfen notfalls umgetauscht werden kann. Zuverlässige und günstigere Modelle sind etwa die Focus von Expert Graphite oder die Cape Cod Popping von Black Hole.

Wer mehr Geld ausgeben will, ist mit der Black Devil 100 Tuna oder der schwereren 200-er von Temple Reef bestens bedient. Modelle der Top-Hersteller wie Carpenter oder Ripple Fisher kosten teils über 1000 Euro und müssen nicht sein.

STATIONÄRROLLEN

Die Rollen sollten eine möglichst hohe Übersetzung haben, damit Schnurbögen nach dem Wurf sofort ausgeglichen und Köder schnell geführt werden können. Wer diese Methode zunächst nur ausprobieren möchte und Fische mit 30-40 kg anvisiert, macht mit dem Kauf einer Penn Spinnfisher SSV 6500 nichts verkehrt. Die Rolle hat eine Übersetzung von 5,6:1 und fasst 300 Meter Schnur mit einem Durchmesser von 0,36 mm.

Selbst Spitzenrollen wie die Saltiga oder die Stella im Hintergrund können noch getunt werden: mit Spulen von Nature Boys, die noch mehr Schnur fassen als die Originale.

Rauben Thune an der Oberfläche, schlägt die Stunde der Spinnfischer.

Eine Referenz am oberen Ende ist die **Daiwa Saltiga Dogfight** mit einer Übersetzung von 6,2:1. Sie holt damit pro Kurbelumdrehung 142 cm Schnur ein. Zum Handicap wird diese hohe Übersetzung allerdings im Drill. Weitere sehr gute Rollen zum Poppern auf Thun sind die **Stella 18.000 SW**, die **Daiwa Saltiga 6500 H** und die **Daiwa Saltiga 6000 GT**.

SCHNUR

Auf die kleineren Rollen kommen geflochtene Hochleistungsschnüre mit einer Tragkraft von etwa 40-60 lb (PE4-PE6). Gut geeignet sind hohlgeflochtene Schnüre (**Hollow braid** etwa von **Jerry Brown**: Die führt der online Händler **www.70grad-nord.de**), weil an ihrem Ende eine Schlaufe gespleißt werden kann, um daran einen Wind-On-Leader zu befestigen. Wie einfach das geht, zeigt **BHP Tackle** hier:

www.bhptackle.com/pages.php?pageid=16 —————————

Solch eine Schlaufenverbindung hat den Vorteil, dass ohne Wirbel gefischt werden kann und die Schnur ihre volle Tragkraft behält. Die Wind-Ons kann man auch schnell wieder tauschen. Bei einer herkömmlichen PE Schnur hat sich der **FG Knot** bewährt. Videos im Internet zeigen wie es geht.

Zum Beispiel: www.youtube.com/watch?v=Rj9I4j0Jj9c ————————

Wird auf größere Thune gefischt, sollten Schnüre der Klassen PE8-PE10 aufgespult werden. Vorfachmaterial ist Fluorcarbon mit einer Tragkraft von 70 bis 80 lb.

KUNSTKÖDER

Thune sind bei der Nahrungsaufnahme oftmals sehr selektiv. Kunstköder sollten deshalb den jeweiligen Futterfisch in den entsprechenden Größen imitieren: In der **Nordadria** etwa sind im Frühjahr meist nur kleine Kunstköder fängig. Erst später im Jahr dürfen die Lures etwas größer sein.

Geangelt wird mit drei verschiedenen Ködertypen: sogenannten **Stickbaits**, **Swimbaits** und **Poppern**. Gute Stickbaits sind etwa der Smith „Baby Runboh", der Tailwalk „Gunz", der Shimano „OCEA Bluefin Tuna", der Daiwa „Saltiga Dorado Slider" und der Maria „Loaded". Popper sollten nicht allzu groß gewählt werden. Bewährt haben sich der Yo Zuri „Surface Cruiser", der Daiwa Saltiga „Dorado Popper" oder der Tailwalk „Gunz Splash".

1 Die Spuren beweisen es: Der „Baby Runboh" gehört zu den besten Stickbaits.

2 Kein Forellenwobbler: Der Tackle House „Flitz" wiegt 24 Gramm und ist für Bluefins gemacht. Ein Drilling reicht aus.

3 Der Temple Reef „Ballista" Popper ist mit 15 cm, aber 80 g Gewicht für Thune gebaut.

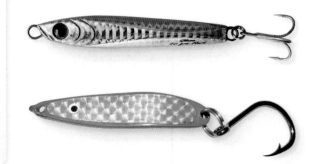

Casting Jigs für scheue Thune: Beim „Glaze" von Hart (40-80 Gramm) müssen Drilling und Sprengring gegen stärkere getauscht werden.

Aber auch Meerforellenblinker (unten) können umgerüstet werden.

Ebenfalls fängig sind sogenannte **Casting Jigs** oder **kleine Pilker**, die weit fliegen und schnell an der Wasseroberfläche geführt werden können. Mit einer Länge von 5-10 cm und Gewichten von 10-60 Gramm imitieren sie verschiedenste Kleinfischarten. Gut ist etwa der Shout „Dangan" oder der nahezu baugleiche Hart „Glaze" Jig.

Viele Kunstköder kommen mittlerweile ohne Haken in den Handel und müssen selbst „scharf" gemacht werden. Die Auswahl ist heikel: Größe und Gewicht der Haken müssen passen, um das Laufverhalten kleiner Lures nicht zu behindern.

Zu den besten Drillingen zählen der **Owner ST-66** sowie der **Gamakatsu Treble 16**. Bei den Einzelhaken sind es der Decoy Single Sergant, der OMTD Single SW OH 2100 (Molix nutzt diesen Haken), aber auch der VMC Inline Single als preisgünstige Alternative beim Angeln auf kleinere Thune. Die meisten Lures laufen gut mit zwei Drillingen, einem in der Mitte und einem am Ende. Andere sind besser mit Einzelhaken bedient und wieder andere mit einer Kombination aus beiden.

Ausprobieren ist Pflicht und im Zweifel ist ein Einzelhaken die bessere Wahl, weil Bluefins zumeist released werden müssen.

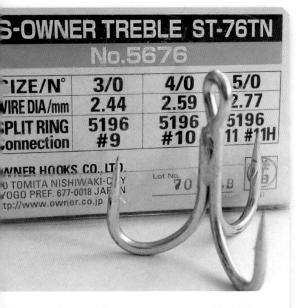

Der Owner Drilling ST 76 ist 5 x stark und damit einer der stärksten auf dem Weltmarkt. Er fängt Thun, Amberjack oder GTs in den Tropen.

Gummiaale von RonZ (oder Hoogy) fangen Bluefins auch oberflächennah; weit auswerfen und mit Rutenschwipps animiert zügig einholen.

Walking-the-dog wird das Stickbait „Asturie" (15 cm, 32 Gramm) von Xorus geführt. Shimanos „Waxwing" darunter zickzackt von alleine.

Mehr als nur ein Angelladen. Der Shop in Zagreb ist für viele auch eine wichtige Informationsbörse zum Wie, Wann und Wo für erfolgreiche Angeltörns.

EINE SCHATZKAMMER
FÜR ANGLER AUS ALLER WELT

Chef Saša Rakar erklärt den Kunden die Aktion unterschiedlicher Ruten an einem high tech Drillsimulator.

Im **Maguro-Pro-Shop** in **Zagreb** erkennt die Crew neue Kunden oftmals an deren flackerndem Blick. Kein Wunder. Wie in einer modernen Schatzkammer drängt sich hier auf 200 Quadratmetern das beste und neueste Angelgerät aus Fernost. Beim visuellen Schnellscan sieht dann so mancher Newcomer, was er alles noch nicht hat, oder was er brauchen könnte, oder schlimmer noch, er sieht Dinge, die er nicht kennt und die nicht zu kaufen womöglich eine Fehler wäre.

Zu sehen gibt es viel: Der sympathische Besitzer **Saša Rakar** und seine Angestellten rüsten nicht nur die führenden Charterboote in der gesamten Adria aus. Zu ihren Kunden zählen überdies ICCAT-Tuna-Fischer und selbst Bootseigner in Übersee, für die der Shop spezielle Spreader Bars zum Tuna-Trolling herstellt. Kein Wunder, dass der Chef im Austausch mit all diesen Profis immer genau weiß, welche neuesten Fangtechniken

„angesagt" sind und das passende Gerät dafür auch führt. Die Palette reicht dabei vom klassischen Big Game Trolling, über Speed Jigging und Popper-Fischen auf Blauflossenthun, bis hin zum modernen Slow Jigging, Inchiku- oder Tenya-Fischen.

Klar, dass der IGFA-Repräsentant Saša und seine Mitarbeiter selbst alle angeln und sich keine Gelegenheit entgehen lassen, neues Gerät bei einer der vielen Competitions an der kroatischen Küste zu testen. „Deshalb können wir auch zu 100 Prozent hinter unseren Produkten stehen und das jeweils Richtige empfehlen", sagt Saša. Unter dem so geprüften Gerät sind zahlreiche Marken mit internationaler Reputation: **Black Hole**, **Jigging Master**, **Major Craft**, **Varivas**, **Ygk Galis**, **Molix**, **Black Magic**, **Halco**, **Pelagic** und viele mehr.

Wie gut übrigens der Chef selbst mit Rute und Rolle umgehen kann, hat er 2015 mit zwei ersten Meisterschaftsplätzen bewiesen: In **Poreč** gewann er die **Offshore World Championship Challenge** mit einem 220 kg schweren Blauflossenthun und in **Murter** unter 24 Booten die Competition auf – Kalmar! Die Kopffüßler zu fangen, ist an Kroatiens Küsten ein Volkssport, und klar, hat der Maguro Shop die Köder auch dafür.

Einen flackernden Blick können Angler aber auch im virtuellen Shop von Maguro bekommen. Dort gibt es, verlockend für einen schnellen Mausklick, auch für Popper-Angler und Jigger vieles, was es hierzulande noch nicht gibt. Lange warten muss man auf solche Spontankäufe nicht: Jede Order wird noch am Tag der Bestellung verschickt, und ab einem Einkaufswert von 200 Euro ist der Versand innerhalb der EU sogar kostenlos.

www.maguro-pro-shop.com

Jiggen auf Thun

Vertikal Jiggen auf Bluefins ist sowohl in der Adria als auch vor dem Ebro-Delta möglich, wenn Thune beim Anfüttern tiefer unter dem Boot stehen und nicht nach oben kommen wollen. Ihnen werden dann breite Jigs angeboten, die gut taumeln und schon im Fallen einen Biss provozieren. Bewährt haben sich hier Jigs, die in Größe und Farbe Sardinen imitieren, wie etwa die „Metallic Blue Sardine II" mit 200 Gramm von Yo Zuri (Bild unten). An diesem Modell müssen Sprengring und Drilling gegen stärkere getauscht werden.

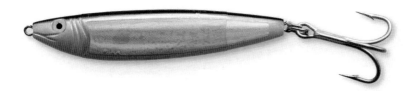

An manchen Tagen mästen sich Thune an winzigen Jungfischen, die mit entsprechend kleinen Kunstködern imitiert werden müssen. Ein Jig bringt diese Köder auf Tiefe und macht mit seinem taumelnden Lauf und der reflektierenden Oberfläche, die Thune auf das kleine Angebot aufmerksam. Japaner nutzen dazu eine etwa 45 cm lange Edelstahlstange mit Wirbeln an den beiden Enden und auch einem in der Mitte.

„Match the hatch": Schlürfen
Thune solch kleine Fischlein ein,
wird das Imitieren schwer.

In der Mitte wird der Jig eingehängt. An einem Ende der Stange (die aus rostfreiem Schweiß-draht leicht nachgebaut werden kann) ist ein etwa 1,5 m langes Fluorcarbonvorfach mit ei-nem stabilen Einzelhaken befestigt. Dieser Haken wird den 4,5-7 cm langen Gummiködern nur durch die Kopfspitze gezogen, um deren beweglichen Lauf zu erhalten. Mit solch einer Montage wird am Grund auch erfolgreich auf Drachenköpfe gefischt.

Unter dem Boot stehende Thune lassen sich auch von Gummi-Aalen verführen. Die Köder von RonZ sind sehr dabei erfolgreich. Das könnte an der Bauform der Zinnköpfe liegen, die wie eine Schiffsbug spitz zulaufen und die Gummiaale mit ihrem flachen Profil am Kör-perende äußerst verführerisch spielen lassen.

Schwarz ist wegen des Kontrasts generell eine gute Farbe, aber auch Fluo-grün: Es kommt nicht nur dem Grün nahe, das Fische als Biolumini-szenz kennen. Wie das nebenstehen-de UV-Foto zeigt, ist das RonZ-Grün besonders „fluo".

Der schwerste Zinnkopf von RonZ wiegt 140 gr. Er hat zudem den Vor-teil, dass die Öse am Kopf aus einem eingegossenen Wirbel besteht und der Haken ebenfalls beweglich ist, um ein Aushebeln aus dem Fischmaul zu verhindern. An diesem Kopf kön-nen Schwänze von 20-25 cm Länge befestigt werden. Sie fangen vor al-lem auch an Thunfischkäfigen und sind bei Amberjack-Anglern eben-falls beliebt. RonZ-Köder führt in Deutschland der Generalimporteur Ralph („Nick") Baehr: www.70grad-nord.de

Fürs Mittelmeer ein Großer: Gefangen auf der SQUITX unter dem erfahrenen Skipper Toni Rieira (Bildmitte) vor Alcudia im Norden von Mallorca.

Driften auf Schwertfisch

Beim Driftfischen und Füttern auf Blauflossenthun kommt es in der Adria oder im Norden von Mallorca immer wieder zu Zufallsfängen von Schwertfischen. Die eigentlich nachtaktiven Räuber ziehen tagsüber am Grund um Unterwasserberge, Abbruchkanten oder andere Strukturen und lassen sich so manches Mal von den angefütterten Sardinenhäppchen nach oben in die Nähe der angebotenen Köder locken.

Beim Angeln tagsüber auf Schwertfisch sollte das Jagdverhalten der Fische beachtet und die Thunfisch-Montage geringfügig modifiziert werden: Die aggressiven Räuber „erschlagen" Lebendköder wie Makrelen oder Tintenfische mit ihrem harten Schwert; das tun sie ziemlich heftig. Ist dabei dann Zug auf dem Vorfach, spüren sie dies und wenden sich ab.

Das Beschwerungsblei, das die Montage nach unten auf etwa 20 m über Grund bringt, sollte deshalb weit vom Köder entfernt an die Hauptschnur gehängt werden: 15 m ist ein guter Richtwert. Wird tagsüber mit Sardinen gefüttert, bietet es sich an, eine einzelne Sardine als Köder zu nutzen. Sardinen sind überdies so klein, dass Schwertfische sie einfach „inhalieren". Andererseits haben lebende Stöcker auch ihre Reize…

Doch ob so oder so: Die Montagen werden mit Hilfe eines Tiefenzählers abgelassen, langsam, damit sie sich nicht um die Hauptschnur wickeln.

Der zum Thunfischangeln am Nacken aufgehängte Stöcker wurde von einem Schwertfisch zwar getötet, doch dann wurde der Räuber misstrauisch und verschmähte das „Angebot".

Beim nächtlichen Driftfischen wird nicht gefüttert und häufig mit Stöcker oder Kalmar (lebend oder tot) geangelt. Ein grünes Knicklicht etwa 5-7 m oberhalb des Köders am Vorfach (nicht näher) lockt Schwertfische an. Stöcker können vorher in Tiefen von 70-100 m über strukturreichem Grund mit Sabiki-Rigs (Makrelen-Paternoster) gefangen werden.

Wie beim Thunfischangeln wird mit drei Ruten in unterschiedlichen Tiefen gefischt – und die Luftballons zusätzlich mit einem Knicklicht bestückt. Ein Köder wird direkt am Boot auf etwa 25 m Tiefe abgelassen – und fängt oft früh: Schwertfische kommen in der Dämmerung zum Erkunden der Lage bis an die Wasseroberfläche und tauchen danach wieder ab. Schwertfischangler sollten deshalb vor Sonnenuntergang am Platz sein. Bei einem Biss wird sofort angeschlagen, oft haben sich die Schwertfische aber schon unbemerkt vom Angler selbst gehakt.

Trolling mit Lebendködern

Kunstköder sind gut, natürliche Köder meist besser. Vor allem beim Schleppangeln auf Amberjack, Palometa (Große Gabelmakrele) und Zahnbrassen im Sommer sind etwa lebende Hornhechte oder Kalmare unschlagbar. Wie gut ein lebender Tintenfisch ist, bestätigt der kroatische Anglerspruch „Kolko´ lignji, tolko´ zubataca". Frei übersetzt: „Du fängst so viele Zahnbrassen, wie Du Tintenfische hast".

Allerdings werden die meist abends gefangen und müssen bis zum nächsten Angeltag in einem Tank mit Wasserpumpe gehältert werden. Einfacher geht es dagegen mit Hornhechten, die direkt im Angelgebiet schnell gefangen und schnell montiert sind.

Vor dem Ebro haben sich zudem kleine lebende Meeräschen als Köder für große Palometa bewährt, die Einheimische dort mit einem Reißvierling erbeuten. Das ist zwar verboten, die martialischen Teile werden aber in Angelläden gleichwohl verkauft. Auf Palometa kann dort aber auch mit etwa 30 cm langen toten Barrakudas (Espeton) geschleppt werden. Die gibt es in Supermärkten in der Tiefkühltruhe straflos zu kaufen.

SCHLEPPBLEI-MONTAGE

Ob nun lebend oder tot, die Köder werden zumeist an einer Schleppblei-Montage angeboten. Die Größe des Zielfisches entscheidet, wie schwer das Gerät sein soll. Wichtig ist aber, dass mit geflochtener Schnur geangelt wird: Wegen des sehr viel dünneren Durchmessers können größere Tiefen befischt werden. Nur die letzten 5-10 m der Hauptschnur bestehen aus monofiler Angelschnur mit etwa 25 kg Tragkraft: Mono verkraftet den Kontakt mit Felsen am Grund besser als geflochtene Schnüre.

Geschleppt wird mit einem 100-400 Gramm (je nach Tiefe) schweren Flossenblei oder (billiger) einem Birnenblei mit eingegossenem Wirbel. An das Blei wird ein etwa 1 m langes Stück dünneres Mono geknotet und am anderen Ende ein kleiner Karabiner. Er wird an einer Öse an der Hauptschnur eingehängt. Diese Öse (aus dünner Dyneema) wird etwa 15-20 m oberhalb des Vorfachs an die Hauptschnur geknotet.

Mit solch einem einfachen System kann dann je nach Bleigewicht und Distanz hinter dem Boot auch noch in 30 m Tiefe nah über Grund gefischt werden. Bei einem Hänger des Schleppbleis reißt dann das dünnere Mono zwischen Blei und Wirbel und die Montage selbst bleibt erhalten. Ist im Drill das Schleppblei oben angekommen, wird es einfach aus der Schlaufe an der Hauptschnur ausgehängt.

Lebende Kalmare gehören zu den besten Ködern und halten sehr lange beim Schleppfischen. Der Trick: Nach dem Riggen (der mittlere Haken bleibt dabei frei) dem Kalmar unter Wasser vorsichtig vom Kopf her die Luft aus dem Mantel streifen.

Allerdings ist bei diesem Fischen ein Echolot nötig, um den Köder immer 2-3 m über dem Grund halten und bei plötzlichen Erhebungen rechtzeitig nach oben kurbeln zu können. Doch zunächst gilt es, Köder zu fangen.

HORNHECHTE

Hornhechte werden in der Adria mit einem Köder gefangen, den Ostseeangler kennen und schätzen: Eine Schlaufe aus vielen dünnen Seidenfäden wird an einem dünnen Monovorfach weit hinter dem Boot geschleppt. Die Seidenfäden werden direkt an einen Wirbel gehängt, sind aber auch als Hakenersatz hinter einem Blinker sehr effektiv.

Beißt ein Hornhecht darauf, verhängen sich seine vielen Zähnchen heillos in den Seidenfäden. Gelb ist eine gute Seidenfarbe und knapp über zwei Knoten das ideale Tempo zum küstennahen Schleppen zwischen Adria-Inseln.

Online-Händler haben die Köder-Schlaufen aus Seidenfäden (Bild links) unter dem Namen „Silkekrogen" im Sortiment. Über Schnabel und Vorfach wird ein Plastikschlauch geschoben. Er dient zur Zugentlastung und für den Geradeauslauf des Hornhechts.

SCHLEPPSYSTEM FÜR HORNHECHT

Lebende Hornhechte werden an einem System mit 2-3 Öhrhaken der Größe 4/0 – 5/0 geschleppt, sowie einem kleineren Haken vorneweg, an dem der Hornhecht eingehängt wird. Bis auf den letzten, fest angeknoteten Haken sind alle anderen verschiebbar, weil sie mit einem Stück Gummiband am Vorfach fixiert werden.

Das System kann so der jeweiligen Köderfischlänge angepasst werden. Bei kleinen Fischen wie auf dem folgenden Foto würden aber zwei „Fang"-Haken hinter dem kleinen Führungshaken am Maul völlig ausreichen.

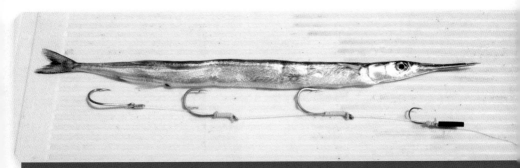

SCHLEPPSYSTEM SELBST GEMACHT

Schleppsysteme für **Hornhechte** oder **Kalmare** kann man selbst herstellen. Benötigt wird:

- 1,5 m monofiles Vorfach mit 23 kg Tragkraft
- 2-3 Öhrhaken der Größe 4/0-5/0
- Ein kleinerer Öhrhaken
- Plastikschlauch (Schrumpfschlauch), etwa 2-3 cm lang
- Haushaltsgummis

Zunächst wird der Plastikschlauch auf das Vorfach geschoben und dann der kleine sowie die beiden (oder drei) anderen Haken durch ihr Öhr aufgefädelt.

Nun wird der letzte Haken am Vorfachende angeknotet. Danach werden alle anderen Haken jeweils mit einem Stück Gummiband an der Vorfachschnur fixiert.

Die nachfolgenden Bilder zeigen wie:

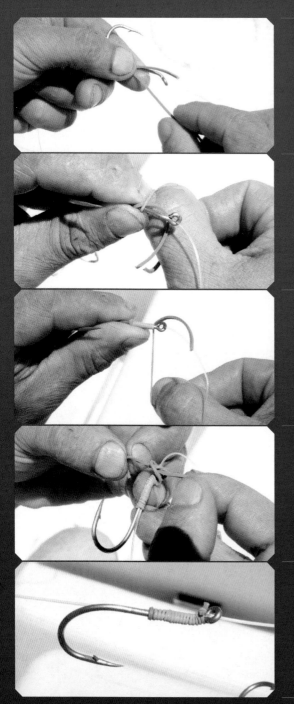

Zunächst wird das Band so am Haken angelegt, dass das kurze Ende über das Hakenöhr hinausschaut.

Die linke Hand hält das Gummi und den Hakenschenkel fest.

Nun wird das lange Bandende um das kurze Ende und den Hakenschenkel gewunden.

Etwa 10 bis 12 solcher festen Windungen reichen aus.

Die beiden Enden des Gummibandes werden nun mit zwei einfachen Knoten gesichert und der übestehende Rest abgeschnitten.

Die so befestigten Haken können dann mit Kraftaufwand verschoben werden, um das System der jeweiligen Länge des Köders anzupassen zu können. Den Gummi dazu anfeuchten, dann geht das Verschieben leichter.

Beim Riggen des Köders werden erst die beiden Haupthaken am Hornhecht befestigt. Wichtig: Die Haken dürfen nur knapp unter die Haut an den Seiten eingestochen werden, um den Fisch nicht zu sehr zu verletzen. Dann wird der kleine Haken zum Kieferansatz verschoben und durch den Unterkiefer sowie den Oberkiefer gezogen, um das Maul zu verschließen. Nun wird der Plastikschlauch über den Schnabel gezogen und das Vorfach so in der Längsachse des Fisches fixiert. Das Aufriggen muss allerdings fix von der Hand gehen. Hornhechte sind empfindlich und wollen schnell ins Wasser zurück. Manche Angler fischen deshalb nur mit 2 anstatt 3 Haupthaken am System. Solch ein Rigg mit 1-2 Haupthaken eignet sich auch für andere Köderfische wie Obladas oder Stöcker-Makrelen.

Diese Montage kann auch zum Schleppfischen mit toten Ködern verwandt werden. Der kleine Führungshaken ist dann aber unnötig. Stattdessen wird der Haupthaken dem toten Fisch mittig durch Unter- und Oberkiefer gezogen und der Drilling wie gehabt eingehängt. Eine Bleiolive an der Kehle hält den Fisch in aufrechter Position.

KALMAR

Lebende Kalmare sind Top-Köder. Hauptsaison für ihren Fang ist allerdings im Winter. Vor Kroatien können die Kopffüßler aber auch im Sommer über Seegraswiesen (Neptungras)

In der Haut der Tintenfische sitzen winzige Beutel, die mit verschiedenfarbigen Pigmenten gefüllt sind. Die Größe der Beutel wird über Muskelfasern verändert. Tintenfische können deshalb blitzschnell ihre Farbe wechseln. Rot ist die Tarnfarbe am Grund

gefangen werden. Beste Fangzeit ist nachts, nach Sonnenuntergang. Im Winter läuft das besser, aber auch in Sommernächten sind 8-10 Tintenfische in 3-4 Stunden mit 2 Anglern machbar. Heller Tag ist dagegen sehr schlecht. Dann sind 1-2 Kalmare in 2 Stunden schon ein gutes Ergebnis.

Gefischt wird über Grund. Im Sommer tagsüber in Tiefen von 30-40 m und nachts um die 20-30 m, im Winter flacher, um die 20 m. Was, wann und wo geht, wissen Angelgeräte-händler oftmals und geben beim Einkaufen auch gerne Auskunft.

DRIFTEN MIT HANDLEINE ODER RUTE

Man kann auf Kalmare mit einer leichten Spinnrute oder einer einfachen Handleine fischen: An das Ende des (dünnen) Vorfachs kommt ein Birnenblei als Beschwerung. Darüber werden wie bei einem Paternoster an zwei Seitenarmen (0,2 mm) spezielle Tintenfisch-Jigs geknotet. Solch ein Paternoster wird dann vom driftenden Boot auf 1-2 m über Grund abgelassen und die Köder ab und an mit einem Ruck zum Tanzen gebracht. Dabei aber immer Fühlung halten: Hat ein Kalmar den Jig gepackt, wird er mit beständigem Zug nach oben gebracht, damit er sich nicht von den widerhakenlosen Stachelspitzen lösen kann.

Nachts werden die Tintenfische mit dem Licht eines Scheinwerfers angelockt. Speziell dafür geeignete Lampen gibt es in Kroatien in jeden Angelladen schon ab 60 Euro zu kaufen. Für eine einmalige Urlaubsaktion tut es aber auch eine dichte Stablampe, die ins Wasser gehängt wird. Knicklichter über den Ködern anzubringen, ist keine gute Idee, sie haben Scheuchwirkung.

Die empfindlichen Kalmare können in einer großen Kühlbox mit einer kräftigen Aquarienpumpe und Überlauf gehältert werden, um sie lebend zum Angelplatz zu transportieren.

Tintenfisch-Jigs haben einen nadelspitzen Stachelkranz, an dem die Tintenfische sich mit ihren Fangarmen beim Zupacken verhaken.

Kalmar-Wobbler fangen ebenfalls mit Dornen statt Haken. Ein Tropfenblei auf der Hauptschnur bringen sie in die Tiefe.

SCHLEPPEN MIT KALMAR-WOBBLER

Beim Schleppfischen auf Kalmar mit speziellen Wobblern kann ein sehr viel größeres Gebiet als beim Driften abgesucht werden. Aber auch bei Wind und kabbeliger See ist Trolling eine feine Sache. Geschleppt wird mit einer Geschwindigkeit von etwa 2,5 Knoten.

Zum Einsatz kommen dabei eine etwa 2,4 m lange, leichtere Rute mit sensibler Spitze (die als Schockabsorber und Bissanzeiger dient) sowie feine geflochtene Schnur. Um die Wobbler auf Tiefe zu bringen (1-2 m über Grund), wird ein Tropfenblei mit dem dünnen Ende in Richtung Rutenspitze auf die Hauptschnur gefädelt und dann ein Wirbel mit Karabiner an die Schnur geknotet. Der Wobbler wird an einem etwa 2 m langen feinen Monovorfach (etwa 0,20 mm) befestigt und an dem Wirbel eingehängt. Das Gewicht des Tropfenbleis richtet sich nach der Tiefe, in der geschleppt werden soll. Ein 50 Gramm schweres Blei bringt einen Wobbler, der etwa 25 m weit ausgelassen wird, bereits auf etwa 5 m Tiefe. Beim Schleppen muss die Bremse so weich eingestellt werden, dass die Schnur gerade nicht mehr abläuft. Dies ist wichtig, weil ansonsten die Fangarme des Kalmars abreißen, wenn der Ruck beim Packen der vermeintlichen Beute zu stark wird. Nach solch einem Zugriff, den die ablaufende Schnur und die weiche Rutenspitze signalisieren, wird das Boot gestoppt und die Schnur unter ständiger Spannung und ohne zu Pumpen eingeholt, damit der Kalmar die Beute nicht mehr loslassen kann.

MIT KALMAREN FANGEN

Lebende Kalmare werden an einem System aus einem bis zwei Einzelhaken mit Öhr sowie einem Drilling angeboten. Bei Tintenfischen bis 600 Gramm wird ein Einzelhaken (Größe 4/0-6/0) an der Mantelspitze befestigt und der Drilling am Kopf. Bei Kalmaren mit über 600 Gramm hängt ein zusätzlicher Einzelhaken in der Mitte des Mantels. Der Kalmar wird dann von einem Downrigger oder Schleppblei auf Tiefe gebracht. Lebende Kalmare sind aber auch hervorragende Köder beim Tieffischen auf Schwertfisch am Tag!

MONTAGE FÜR LEBENDE KÖDERFISCHE

Meeräschen und andere lebende Köderfische können für das Schleppfischen mit unterschiedlichsten Montagen gerigt werden. Einfach und bewährt ist eine Überbissmontage. Als Haupthaken dient ein leicht nach innen gebogener Wallerhaken etwa von **AHF Leitner** (# 5/0-10/0, je nach Köderfischgröße). Am Bogen des Hakens wird dann ein kleiner Haken angeknüpft, der dem Köderfisch durch die Oberlippe gestochen wird und ihn führt.

Am Haupthaken kann man auch noch ein Stück Mono mit einem "Angst"-Drilling befestigen, der in Höhe des Afters eingehängt wird. Das Bild links unten zeigt solch eine Montage an einer (toten) Meeräsche. Zur besseren Darstellung wurde ein Stück blaue Schnur verwendet. Dass sie hier auf dem Foto unter der Befestigung des kleinen Führungshakens verläuft, ist ohne Bedeutung. Diese Überbissmontage hat sich beim Angeln auf großmäulige **Palometa** und **Bernsteinmarkelen** bewährt. Sind Bluefish mit ihren rasiermesserscharfen Zähnen unterwegs, werden Haupthaken und Drilling mit einem Stahlvorfach verbunden.

MONTAGE FÜR TOTE KÖDERFISCHE

Lebende Köderfische schwimmen aufrecht, tote nicht. Damit sie nicht auf eine Seite kippen oder gar rotieren, bekommen tote Köderfische einen Kiel verpasst: Eine an der Kehle angebrachte Bleiolive lässt sie „natürlich" schwimmen.

Dazu wird ein starkes Garn doppelt durch das Blei gezogen und die damit entstehende Schlaufe dem Fisch über den Kopf und hinter die Kiemendeckel geführt. Dann werden die beiden Schnurenden mit einer Nadel jeweils an einem Auge quer durch den Schädel gezogen und über dem Kopf fest verknotet. Das Blei sitzt an der Kehle immer mittig zwischen den Kiemendeckeln und sorgt für eine stabile Schwimmlage. Beim Angeln mit toten Köderfischen ist der kleine Schlepphaken nicht nötig. Stattdessen wird der Haupthaken dem toten Fisch mittig (!) durch Unter- und Oberkiefer gezogen und das Maul so verschlossen. Der Drilling wird dann mittig auf Höhe des Afters eingehängt.

Beim Schleppen mit kleineren Lures ist alles möglich. Auch Bluefins lassen sich damit manchmal fangen. Grün-Schwarz ist eine gute Farbkombination.

Speerfische stürzen sich sehr aggressiv auf die Lures und sind an leichterem Gerät (etwa 20 bis 30 lb) tolle Kämpfer.

Trolling mit Kunstködern

Schleppfischen mit Kunstködern ist eine gute Methode, um bei der Suche nach Fisch eine möglichst große Wasseroberfläche abzudecken. Je nach Zielart variieren Tempo und Größe der Köder:

Beim Angeln auf Blauflossenthun experimentieren Skipper seit einiger Zeit mit verschiedensten Schleppködern. Den „Stein der Weisen" haben sie aber noch nicht entdeckt. Bewährt haben sich kleinere konventionelle Trolling Lures, geschleppte Casting Jigs (kleine Pilker) sowie kleine Rapala „Magnum" 12-15 cm lang, mit 6-8 Knoten geschleppt.

Doch wichtiger noch als die Köderwahl ist es, zum richtigen Zeitpunkt am richtigen Platz zu sein. Berufsfischer in der klaren Adria berichten, dass Schleppfischen nur an bestimmten Wochen im Jahr sowie an einigen Unterwasserbergen erfolgreich ist. Vor dem trüberen Ebro-Delta kann bei Verlegungsfahrten aber auch ein geschleppter Casting Jig durchaus erfolgreich sein.

MITTELMEER-SPEERFISCHE ziehen pelagisch durchs Freiwasser und können beim küstenferneren Trolling ebenfalls mit mittelgroßen Lures gefangen werden. Die Schleppgeschwindigkeit sollte aber nicht unter 8 Knoten liegen. Ein Schleppmuster mit 5 Ködern hat sich bewährt. Dabei laufen 2 Lures über die Outrigger, zwei direkt von den Rutenspitzen als sogenannte Flat Lines und ein weiterer Köder als Ausputzer über einen Center-Rigger oder ein weit oben angebrachtes Release-Clip 50 m hinter dem Boot. Bis zu etwa 20 cm lange Lures von **Moldcraft**, **Ilander** oder **Bluewaterfishing** sind erfolgreich.

Womit Skipper Lex Snoeijs diesen Little Tunny vor Jezera (Kroatien) gefangen hat, zeigt die Rute im Hintergrund: Schlanke tiefer laufende Wobbler in Sardinenfarben sind dort erfolgreich.

FALSCHE BONITOS (LITTLE TUNNY) ziehen im Sommer küstennah in großen Schulen und können mit verschiedensten künstlichen Ködern gefangen werden. Bewährt haben sich 10-15 cm große Wobbler, Federjigs, oder kleinere Trolling Lures mit Plastik-Skirts. Ist ein Schwarm ausgemacht, werden die Köder bis zu 50-70 m weit ausgelassen und der Schwarm in größerer Distanz umfahren, damit die scheuen Fische nicht abtauchen.

Zweite Variante: Man setzt das Boot mit gestoppten Motoren vor den Schwarm und driftet in ihn hinein. Dann sind Massenfänge mit Spinn- oder Fliegenrute möglich. Diese Art schmeckt aber nicht so gut wie Bluefin oder Albacore. Deshalb sollten Angler Maß halten, releasen und den Drill am passenden Tackle genießen: Schlepp- und Spinnruten in der 20 bis 30 lb Schnurklasse. Die Vorfächer sind aus 0,35er monofiler Schnur, vorzugsweise aus Fluorcarbon.

Beim Trolling auf **ALBACORE**, dem wohlschmeckenden **WEISSEN THUN**, gilt dieselbe Köderwahl. Da diese Art aber nicht so scheu ist, können die Kunstköder sehr viel näher am Boot geschleppt werden.

Auch in der Küche sind Goldmakrelen hoch willkommen.

Dies trifft auch auf **GOLDMAKRELEN** zu. Sie stürzen sich in Bootsnähe auch auf sehr große Schleppköder. Ist ein Schwarm ausgemacht, sollte ein gehakter Fisch im Wasser bleiben, er hält dann seine Artgenossen am Boot. Hilfreich ist auch das Anfüttern mit Sardinenstückchen, sie bringen Goldmakrelen in Wurfweite für Fliegenfischer!

Für **PALOMETA** oder **BLUEFISH** sind Wobbler geschleppt ebenfalls eine gute Wahl. Beim Angeln auf die sprungfreudigen „Blaufische" sollten Wobbler mit maximal 15 cm nicht zu groß sein. Stahlvorfach ist Pflicht: Ihre Zähne sind im Gegensatz zu jenen der Palometa rasiermesserscharf und durchtrennen Nylon-Vorfächer mühelos.

Bluefish können auch vom Ufer aus mit Spinnrute, Wobbler oder Gummifisch beangelt werden. Auflaufendes Wasser am Abend um Felsen und Kaimauern bringt oftmals Erfolg.

Praxis schlägt Theorie: Skipper Patrick Baier fing diesen rekordverdächtig großen Steinbutt vor Zadar zwar an einem Slow-Blat Jig; doch der hing an einer kurzen schweren Speedjigrute mit dicker Schnur und wurde einfach nur auf und ab bewegt.

Inchikus, Slow Jigs & mehr

Man kann es nicht oft genug betonen: Mittelmeerfische sind gewitzt! So manche Adria-Angler aber auch. Sie holen sich Anregungen bei den japanischen Großmeistern und fischen mit Kunstködern an feinem Gerät: Inchiku, Slow Jig und Tenya heißen die Spaßbringer.

Inchikus sind 10-300 Gramm schwere stromlinienförmige Bleikörper mit einem mittig angebrachten „Assist"-Vorfach und Oktopus-Skirt. Die zwei kleinen Haken darin werden mit einem Streifen Tintenfisch „scharf gemacht" und der Inchiku an einer Spinnrute mit feiner geflochtener Schnur (5- 8 kg Tragkraft) ausgeworfen. Das Vorfach aus Fluorcarbon sollte 2-3 m lang sein und 7-10 kg Tragkraft haben. Unten angekommen, wird der Köder langsam eingeholt. Zwischendurch kann er mit einem Ruten-Schwipp beschleunigt werden und darf immer wieder zum Grund absinken. Diese diagonale Führung fängt erstaunlich gut.

Vertikal statt diagonal wird beim „Slow Pitch Jigging" geangelt: Die speziellen Slow Jigs müssen senkrecht unter dem Boot geführt werden, damit minimale Ruten-Schwipps zu ihnen bis in 100 m Tiefe oder mehr durchkommen und sie zum Tanzen bringen. Sie fangen in der Horizontalen und sind für diese Schwimmlage gebaut: breit, kurz und häufig mit einem mittigen Schwerpunkt.

Die für Anfänger einfachste und jedem Pilkfischer vertraute Methode um einen Slow-Jig zu führen, ist der „Long Fall Jerk". Eine spezielle Rute ist dafür nicht nötig: Bei dieser Technik wird die (Spinn- oder Jigging-)Rute gleichmäßig und weit angehoben und dann gesenkt, damit der symmetrische Jig nach der Aufwärtsbeschleunigung in die Horizontale kommt und (je nach Bauform) in Spiralen, flatternd oder pendelnd absinken kann. Ist danach wieder Spannung auf der Schnur, wird die Rute erneut angehoben und gesenkt – bis der Biss kommt.

Inchikus werden (von Könnern auch an Multis) ausgeworfen und fangen in Grundnähe alles: auch Gabeldorsch, wie hier. Der schlittenförmige Inchiku von Hart mit 80-200 Gramm ist einer der besten Köder fürs Mittelmeer (siehe unten).

Der „Fallings Sp" (oben) von Jigging Master will ungestört absinken, um sein Spiel entfalten zu können. Bei den „Slow Blatt" von ZetZ (Mitte und unten) muss auf die Zusatzbezeichnung geachtet werden: Der langsame symmetrische „S" fängt ebenfalls im Sinken. Bei dem roten Nemo (unten) steht das „R" hinter dem Namen für „Responsive". Dieser Jig ist endschwer und entfaltet seine Aktion mehr im Aufsteigen.

SLOW PITCH JERK

Aktiv werden diese Jigs mit dem „**Slow Pitch Jerk**" geführt. Dies ist kaum mehr als eine Kurbelumdrehung der Multi-Rolle. (Bild 1) Die horizontal übers Wasser gehaltene und vollparabolische Rute macht damit eine Verbeugung (den Pitch) und kehrt in ihre Ausgangslage zurück. Wird die Rute bei der Kurbelumdrehung ein wenig steiler nach oben gehalten, lädt sie sich auch stärker auf. Zeigt die Rute bei der Kurbelumdrehung mehr nach unten, verliert der „Jerk", der Rutenschwipp, seine Wirkung.

Das Zurückschnellen der Rute hebt den Jig an (Bild 2). Er gleitet dann frei nach oben zur Seite und kommt in eine horizontale Lage. Der Angler verharrt jetzt einen Moment und lässt den Jig in rotierenden, pendelnden oder spiralförmigen Bewegungen in die Tiefe (Bild 3) gleiten. Nun kommt häufig der Biss. Der gesamte Arbeitstakt dauert etwa eine Sekunde, dann setzt der nächste an.

Oder der Angler variiert zwischendurch das Köderspiel mit nur einer viertel oder halben Kurbelumdrehung, oder er lässt den Jig durch ein kontrolliertes Senken der Rute doch wieder hinab gleiten, bis er dessen Gewicht wieder an der Rutenspitze spürt.

Oder er legt eine halbe Kurbelumdrehung zum Auftakt des Absinkens ein, um den Jig aus der Horizontalen aufsteigen zu lassen. Das macht man mit endschweren „Responsive Jigs". Längere Jigs werden mit dem „High Pitch Jerk" gefischt: Ihnen gibt ein kräftig durchgezogener Rutenschwipp noch mehr Energie mit.

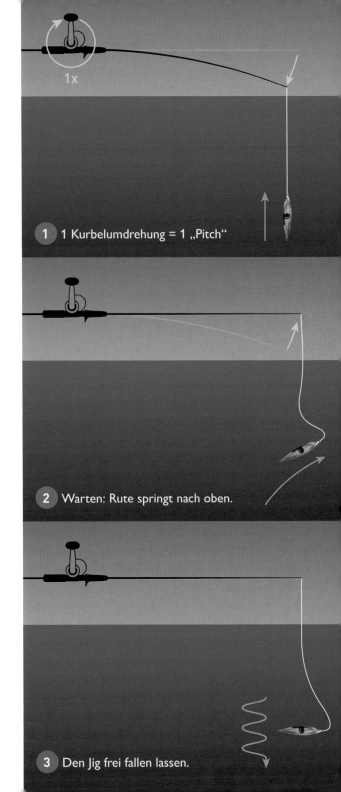

1 1 Kurbelumdrehung = 1 „Pitch"

2 Warten: Rute springt nach oben.

3 Den Jig frei fallen lassen.

Ein extrem fängiger Mittler zwischen den Welten des schnellen und langsamen Jiggens ist übrigens der ebenfalls mittig schwere „Theos short jig" von Molix. Mit 100-200 Gramm kann auch er an Slow Jig Ruten mit etwas schnelleren High Pitch Jerks geführt werden. Viele Angler preisen ihn als einen der weltbesten Jigs überhaupt. Sind Blauflossenthune unterwegs, sollte er aber an einer Spedjig-Rute hängen.

Alle Variationen fangen, nur nicht ein Jig, der wie tot an der Schnur hängt. Dazu kommt es, wenn die Rute bei der Kurbelumdrehung abgesenkt wird. Die Rute kann dann kein Energie aufladen und an den Jig weitergeben. Deshalb: die Rute nicht absenken, nach dem Rückstellen der Rute einen Moment warten, nicht kurbeln und die Rute ihre Arbeit machen lassen.

Wer responsive Jigs animiert fischen will, kommt an Multis nicht vorbei. Die „Talos" von Omoto ist ein zuverlässiges Einsteigermodell.

Übrigens hängen japanische Puristen an beide (!) Enden des Jigs je zwei kleinere „Assist"-Haken, um sein Gleichgewicht und die Aktion nicht zu stören. Die beiden Haken am Kopf fangen beim Aufsteigen des Jigs und die beiden Haken am Ende beim Fallen. – Dies ist ein guter Indikator, um seine Technik auf das Beißverhalten der Fische einzustellen und je nachdem mit mehr „Aufsteigen" oder mehr „Fallen" zu fischen. Die parabolischen und sensiblen Slow-Jig-Ruten sind allein gebaut, um die Jigs perfekt zu bewegen. Hängt ein Fisch am Haken, haben die Ruten ihre Aufgabe erfüllt. Ihnen fehlt die Lifting-Power für größere Fische, sie würden bei pumpenden Bewegungen brechen. Im Drill zeigen die Ruten deshalb immer zum Fisch, der nur an der Rolle winschend hochgeholt wird.

Zu international erprobten Ruten zählen die Slow Jigging „Cape Cod" Modelle von Black Hole, die „Wiki" Jigging Ruten von Jigging Master oder Modelle von Major Craft. Die Firma Expert Graphite bietet mit der TUKATO eine günstige „Long Fall"-Rute an. In Deutschland ist sie über www.tackle24.de zu beziehen. Gefischt wird mit Multirollen. Sie können die Köder besser führen und übertragen zusammen mit der Rute auch die kleinste Information:

Der Angler spürt verschiedene Strömungsschichten, er spürt, ob er über hartem oder weichem Grund angelt oder ob ein Fisch den Köder anstupst. Die Multis werden mit Schnüren der Klasse PE1-3 gefüllt und daran ein Mono-Vorfach (oder Fluorcarbon bei sehr sichtigem Wasser) mit einer Tragkraft von 30-50 lb geknotet.

Fischen mit Tenya Jigs ist die einfachste der hier beschriebenen Methoden. Den beköderten Jig-Kopf einfach ins Tiefe fallen lassen: Dass das fast schon alles ist, liegt an der Bauform der Tenyas. Die japanischen Originale haben ein Profil wie eine Kirchenglocke mit einem flachen Boden.

Die Firma Decoy hat deren Form etwas abgerundet, den flachen Boden aber weitgehend beibehalten: Diese Bauform lässt den Jig verführerisch taumelnd nach unten sinken.

Im Maul dieser prächtigen Streifenbarbe ist die Glockenform mit flachem Boden des Original-Tenyas gut zu sehen. Beim Modell von Decoy (unten) ist der Boden etwas rundlicher.

Eine Schnurschlaufe als Einhänger unterstützt zudem im Original das freie Pendeln des Gewichts. Beim Tenya von Decoy übernimmt diese Aufgabe ein Wirbel. Auf den Haupthaken wird eine Garnele, ein Stück Tintenfisch (oder ein Plastik-Köder) gezogen und mit dem kleinen Haken am kurzen „Assist"-Vorfach gesichert.

Die meist nur 10-45 Gramm schweren Tenyas werden sehr fein an Spinnrollen mit maximal 0,06-0,08er geflochtener Schnur gefischt. Die beköderten Jig-Köpfe sollen so langsam wie möglich zum Boden taumeln. Bei geöffnetem Rollenbügel kontrolliert der Zeigefinger am Spulenrand den Fall und spürt etwaige Bisse sofort. Alle Grundfischarten können mit diesem feinen Angeln überlistet werden.

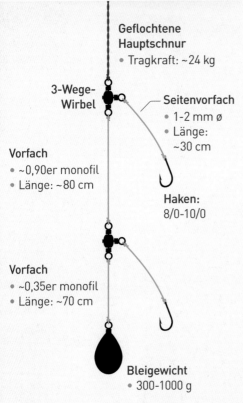

Geflochtene Hauptschnur
- Tragkraft: ~24 kg

3-Wege-Wirbel

Seitenvorfach
- 1-2 mm ø
- Länge: ~30 cm

Vorfach
- ~0,90er monofil
- Länge: ~80 cm

Haken: 8/0-10/0

Vorfach
- ~0,35er monofil
- Länge: ~70 cm

Bleigewicht
- 300-1000 g

Angeln mit Naturködern

Das Angeln mit Naturködern ist für die Kategorie „Bunt und Gestreift" sowie für alle Grundfischarten die sicherste Methode. Viele der wohlschmeckenden „Bunten" können im Brackwasser von Flussmündungen wie dem spanischen Ebro oder der kroatischen Neretwa auch oftmals vom Ufer aus befischt werden. Dafür reichen eine einfache Rute und eine Seitenarmmontage mit Grundblei aus.

Auch vom verankerten oder driftenden Boot aus wird in der Regel grundnah mit einem Seitenarmsystem geangelt. Nur Vorfachstärke und Hakengröße werden den Zielfischen angepasst. Vor allem in der klaren Adria muss fein geangelt werden. Viele gewitzte Meerbrassen-Arten haben Durchschnittsgewichte von 150-500 Gramm und sollen mittlerweile mit Fluorcarbon-Vorfächern überlistet werden. Als Grundausrüstung reicht für sie eine leichte Rute mit sensibler Spitze aus. Auf die Rolle kommt eine feine geflochtene Schnur (0,13-0,15mm) mit einer etwa 5 m langen Mono- oder (in der Adria) Fluorcarbon-Spitze, die ein Durchmesser von 0,35 mm haben könnte. Daran wird dann das Paternostervorfach per Wirbel eingehängt. An der Hauptschnur des Vorfachs (Durchmesser 0,30 mm) werden dann mit Rotationsperlen zwei jeweils 25-30 cm lange Springer (0,25-0,28 mm Fluorcarbon) befestigt.

Die Haken sind schwarz und haben eine lichte Weite zwischen Schenkel und Bogen von etwa10-12 mm (der Hayabusa „BEK 562" in Größe 4 sowie der Owner „5111-091" in Größe 2 wären passend). Grundsätzlich sollten die Haken immer so klein gewählt werden, dass sie von den Ködern vollständig bedeckt sind. Solch eine leichte Standard-Montage fängt beim Angeln vom Boot alle Arten.

Dieses Paternoster-System mit zwei Seitenarmen wird auch beim Fischen auf etwas größere Brassen angewandt. In Tiefen über 40 m können 3-Wege-Wirbel die Aufgabe der Rotationsperlen übernehmen. Bewährte Universalköder für diese leichte Angelei gibt es in Supermärkten zu kaufen: gefrorene Kalmare. Schmale Streifen aus dem Mantel werden als mundgerechte Päckchen auf den Haken gezogen. Muschelfleisch ist zwar auch gut, wird von Fischen aber schnell vom Haken gelutscht und kann allenfalls beim Bootsangeln genutzt werden.

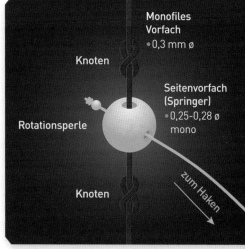

Ein Köder ist allerdings unschlagbar, aber so schwer zu erstehen wie eine verbotene Droge: Der bis zu drei Meter lange Riesenborstenwurm (Eunice sp.) wird von Tauchern mit speziellen Fallen gefangen und kostet Angler schon in moderater Größe 20 Euro das Stück. Doch jeder Zentimeter ist seinen Preis wert. Alle Arten stürzen sich hemmungslos auf diesen großartigen Köder. Vom Wurm können zudem mit der

Schere jeweils kurze Stückchen abgeschnitten werden, ohne dass er gleich daran zugrunde geht. In Kroatien heißt der Wurm „Veliki morski crv". Angler, die etwa in Zadar bei Mate Branimir wohnen, können sich glücklich schätzen: Er hat gute Kontakte und kann die Würmer meistens besorgen! Ansonsten heißt es, nachfragen in Angelgeschäften.

Der Bibi-Wurm kann in kleine Stücke geschnitten und für die Kategorie „Bunt und Gestreift" an Seitenarmmontagen angeboten werden.

In Angelläden kann man manchmal einen weiteren Wurm erstehen, der zum Fischen vom Ufer aus auf große Goldbrassen bestens geeignet ist: Der Gemeine Spritzwurm (Sipunculus nudus) wird von Anglern auch „Bibi" genannt und sieht aus wie eine schlecht gefüllte, vergammelte Wurst: braun-grünlich, schlaff und meist zwischen 10-20 cm lang. Diese Würmer werden vom dicken Ende her mittig mit einer Ködernadel so auf den Haken gezogen, dass die Hakenspitze dann am hinteren Ende des Köders rausschaut. Das Vorfach aus Fluorcarbon sollte einen Durchmesser von 0,35 mm haben.

Für Goldbrassen ist zudem die Arche Noah-Muschel (Arca noae) zu empfehlen. Die auch für uns wohlschmeckende Muschel gibt es in Fischläden zu kaufen. Bei ihr schlägt man eine Schale leicht an, versteckt den Haken (mit einer Weite von 10-15 mm) darin und legt sie auf Grund, bis – „schlürf und knack" – eine Dorade sie entdeckt hat.

Mit der einfachen Paternostermontage wird auch beim tieferen Grundangeln an Wracks etwa auf Drachenkopf, oder Sägebarsch gefischt. Dann dürfen Vorfach und Seitenarme robuster ausfallen. Wegen der erhöhten Hängergefahr wird das schwere Birnenblei an einem dünneren Stück monofiler Schnur mit dem Vorfach verbunden, damit nicht das komplette Vorfach verloren geht. Diese einfache Montage hat sich selbst beim schwersten Grundfischen bewährt, wie **Oliver Possenig**, der vor Jezera angelte, zu berichten weiß:

„Wir hatten auf einem Unterwasserberg vor den Kornaten geankert und fischten in einer Tiefe von 140 bis 150 m. An der

1,9 m langen Bootsrute (80-270 gr WG) hatte ich eine Penn Spinnfischer 850 SSW mit geflochtener Schnur (24 kg Tragkraft). Daran hatte ich ein Paternoster mit 2 Seitenarmen und 220 gr Endblei montiert. Die Hauptschnur des Paternosters bestand aus 80 lb. Mono und die Seitenarme aus 130 lb. Sufix Leader mit 4/0 Haken. Köder war je eine etwa 25 cm lange Rotbrasse, bei der ich das Rückgrat entfernt hatte, um sie als Flatterfisch zu präsentieren. Warum Rotbrassen? Wir hatten nichts anderes Großes als Köder.

Kurz zuvor hatte ich schon einen Conger mit über einem Meter gefangen und einen etwa 10 kg schweren weiteren an der Oberfläche verloren. Kaum war die Rotbrasse auf Grund, spürte ich ein leichtes Klopfen in der Rutenspitze. Ich ließ dem Fisch etwas Zeit zum Schlucken und setzte dann den Anhieb. Nach kurzem Zögern kam Bewegung in die Sache, und ich merkte sofort, dass der Fisch richtig groß war. Nach einem 15 minütigem Drill auf Biegen und Brechen hatte ich den Conger dann an der Oberfläche. Er war 187 cm lang und 19,5 kg schwer. An diesem Tag fing ich auch noch eine 1,2 m lange Muräne."

Wird in größeren Tiefen an Abbruchkanten geangelt, ist die Versorgung mit Köderfisch einfach: Über steinigem Grund ziehen immer wieder Schwarmfische wie Mittelmeer-Stöcker. Sie lassen sich leicht mit einfachen Herings- oder Makrelenvorfächern fangen. Bestens bewährt haben sich Systeme mit glitzernder „Fischhaut"-Folie. Größere Stöcker kommen auf Eis. Über Holzkohle gegrillt schmecken sie hervorragend.

Überbissmontage

Herings- oder Makrelenvorfächer eignen sich auch bestens für den Fang von Petersfischen. Diese Räuber mischen sich unauffällig unter Makrelen und andere Schwarmfische, um dann ein Opfer mit ihrem weit vorstülpbaren Maul einzusaugen. Angler stellen sich auf diese Jagdtaktik ein und nutzen dazu die „Fischhaut"-Haken: An die Paternoster-Hauptschnur (0,40 mm) mit 3 Seitenarmen wird jeweils ein schwarzer (Karpfen-)Haken mit 10-12 mm Öffnung gebunden und am Hakenbogen eine Makrelenfliege befestigt. Das System wird dann einige Meter über Grund abgelassen – und bleibt auch dort.

Haken mit „Fischhaut" von Makrelenvor-fächern fangen Stöcker – und die an Über-bissmontagen den Petersfisch.

Beißen auf die „Fischhaut"-Häkchen dann Stöcker oder andere kleine Schwarmfische, hängt der schwarze Haupthaken direkt vor ihrer Nase. Mit Glück wird ein Petersfisch auf das zappelnde Angebot aufmerksam und inhaliert es. Das Endblei des Paternosters darf aber nicht zu leicht gewählt werden: 2-3 kräftige Stöcker können aus dem Vorfach ansonsten ein unentwirrbares Knäuel machen.

Vor allem beim manchmal monotonen Driftfischen auf Blauflossenthun kann diese Methode nebenbei für Spaß und Abwechslung sorgen – und vor allem für delikate Abendessen. Petersfische schmecken vorzüglich! Damit ihr Fang auch gelingt, sollte die Rute so leicht wie möglich sein. Petersfische sind keine großen Kämpfer, können sich aber an steifen Ruten und bei harten Bremseinstellungen leicht vom Haken befreien.

Und zum Schluss noch ein universeller Tipp zu allen Angelmethoden: Verglichen mit Norwegen gibt es im Mittelmeer zwar so gut wie keinen Tidenhub. Doch auch dort haben viele Arten ihre Beißzeit bei Beginn der Flut – selbst wenn es nur wenige Zentimeter sind.

Dies gilt für das Angeln vor dem Ebro-Delta ebenso, wie etwa in der Adria, wo Dentex, Amberjack und manche Grundfischarten oftmals in der ersten Stunde des auflaufenden Wassers am besten beißen. Hersteller elektronischer Seekarten bieten mittlerweile auch Tiden-Apps an. Auf dem Smartphone sind sie eine feine Sache.

Manchmal rettet der Beifang den Tag, wenn die Bluefins nicht wollen: Petersfiche auf der SQUITX vor Mallorca.

Doppelter Palomar-Knoten

DER SIEGERKNOTEN FÜR GEFLOCHTENE ANGELSCHNÜRE

Geniale Ideen sind meist verblüffend einfach. Dies gilt auch für den derzeit besten Knoten für geflochtene Schnüre von US-Angler **Todd Stephens**: Sein „Doppelter Palomar Knoten" wurde 2015 bei einem Wettbewerb des US-Magazins „Saltwater Sportsman" unter 30 eingereichten Knoten zum Siegern gekürt. Zugmaschinen der IGFA ergaben, dass der doppelte Palomar etwa an einem Wirbel über 79 % der Tragkraft geflochtener Schnüre erhält.

Wie die Zeichnungen zeigen, wird die Schnur zunächst zwei Mal gedoppelt: Dazu das Schnurende um etwa 40 cm zurücklegen, dann werden die beiden Schnüre nochmals mittig gefaltet. Damit entstehen zwei Schlaufen, die durch das Öhr des Wirbels geführt werden.

Nun einen einfachen Knoten machen, beide Schlaufen über den Wirbel führen und erst dann (an allen vier Schnüren gleichmäßig) den Knoten zuziehen. Dabei hält die linke Hand den Wirbel fest.

Der Knoten geht auch auf einem schaukelnden Boot und mit Schweiß auf der Stirn leicht von der Hand.

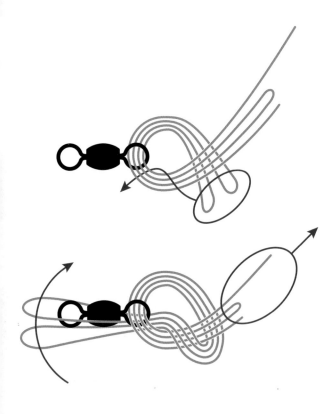

Topshot-Knoten

Dieser Knoten verbindet hohlgeflochtene Schnüre (Dacron, Dyneema) mit monofilen (Nylon, Fluorcarbon), zum Fischen mit schweren Multis aber auch mit Spinnrollen, wenn das Vorfach ein Stück weit auf die Spule gewunden werden muss:

So sieht die fertige Verbindung aus: Dünn, glatt und gut durch Rutenringe gleitend.

Die monofile Schnur (hier rosa) wird mit einer Einfädelnadel einen Meter weit in die Dacron (gelb) geschoben. Die Nadel hat ein hohles Ende für die Aufnahme der Schnur und wird nach getaner Arbeit seitlich aus dem Gewebeschlauch herausgezogen.)

Die Nadeln gibt es für verschiedene Schnurdurchmesser (z.B. bei www.70grad-nord.de).

Nun wird das Ende der Hauptschnur mit einem Stück dünnerer Dyneema (ohne Teflon-Mantel) auf einer Länge von 5 cm in Richtung Mono umwickelt. Dazu nutzt man einen Fadenspulenhalter (Bobbin-Knotter):

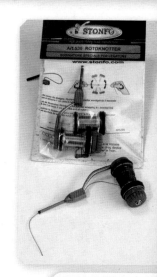

Zunächst den Faden an die Hauptschnur knoten, das kurze Ende parallel an sie nach unten anlegen und mit einigen Windungen des durch kreisförmige Handbewegungen in Rotation versetzten Bobin-Knotters überwickeln. Das Fadenende abschneiden und weiter rotieren. Je enger die rechte und linke Hand die Hauptschur halten, umso präziser gelingen dazwischen die Windungen des Dyneemas. Zuletzt wird der Faden mit einigen halben Schlägen fixiert und die wiederum mit einem Tropfen flexiblem Sekundenkleber gesichert.

Wie heißt mein Fisch?

Die Antwort auf diese Frage soll das folgende Kapitel für einige der rund 700 im Mittelmeer vorkommenden Arten geben. Durchaus verzwickt ist allerdings, wie all die Fische zu sortieren sind: etwa alphabetisch, nach deutschen oder gar lateinischen Namen, wie in vielen Fischführern üblich? – Weil dies beim Blick auf einen unbekannten Fisch kaum weiter hilft, wurden die großen und kleinen Flossenträger hier nach ihrem Lebensraum und ähnlichem Aussehen zusammengefasst.

Es mag kundigen Taxonomen ein Graus sein, dass deshalb **Conger** und **Muräne** hier einträchtig nebeneinander stehen, weil beide schlangenartig lang sind. Wie sinnvoll aber die Annäherungen an den Fisch am Haken über dessen Äußeres ist, zeigt sich vor allem in der Abteilung Bunt und gestreift: Das Nebeneinander von ähnlich gefärbten, gestreiften oder geformten Fischen erleichtert deren Bestimmung auf einen Blick.

Die Auswahl der vier Kategorien Uferfern, Ufernah, Am Grund, sowie Bunt und gestreift hat allerdings auch Schwächen: Wo ist etwa die **Bernsteinmakrele (Amberjack)** einzuordnen? Im Winter werden **Amberjacks** vor **Kroatien** an Unterwasserbergen in Tiefen von 70-120 m weit vor der Küste gefangen, und im Sommer ziehen die Räuber dann vergleichsweise ufernah an vorgelagerten Inseln entlang. Wer die Kategorisierung der einen oder anderen Art deshalb für willkürlich hält, hat durchaus Recht.

Finger weg!

Manche Mittelmeer-Fische müssen mit Vorsicht „behandelt" werden. Im eigentlichen Wortsinn behandeln, also mit Händen anfassen, sollte man etwa **Petermännchen** (Bild oben) nur, wenn sie tot sind: Die Stachelstrahlen der ersten Rückenflosse und auf den Kiemendeckeln beinhalten ein extrem schmerzhaftes Gift (Seite 154). Sind die Stacheln mit einer Zange abgeknipst, wird aus dem Fisch eine Delikatesse.

Zu einer Delikatesse wird dagegen der **Hasenkopf-Kugelfisch** (Bild mitte) vermutlich nie: Der aus dem Roten Meer ins Mittelmeer eingewanderte **Lagocephalus sceleratus** produziert vor allem im Sommer das starke Nervengift Tetrodotoxin, an dem auch schon Mittelmeeranrainer gestorben sind.

Also: Finger weg, vor allem auch von den Zahnplatten, die Finger wie Seitenschneider kappen können!

Dieser Rat gilt auch für zähnestarrende Mäuler gehakter Haie. Doch mehr als unsere Finger sind die eleganten Schwimmer durch uns bedroht.

Die massive Überfischung betrifft mittlerweile nicht nur **Heringshaie**: selbst die einst so zahlreichen **Blauhaie** mussten vor **Kroatien** geschützt werden: deshalb Beifänge bitte vorsichtig releasen.

GEFÄHRDET
IUCN
VULNERABLE

UFERFERN

Schwertfisch

NAMEN: Xiphias gladius (lat.), **Espadon** (Frankreich), **Pez espada** (Spanien), **Pesce spada** (Italien), **Iglun** (Kroatien), **Swordfish** (international)

VORKOMMEN: Im gesamten Mittelmeer

Der Fisch ist eindeutig an seinem Schwert zu identifizieren: Der lang ausgezogene Ober-kiefer ist flach, hart und kann bis zu einem Drittel der Körperlänge ausmachen. Damit unterscheidet sich der Schwertfisch eindeutig von dem einzigen anderen Vertreter dieser Ordnung im Mittelmeer, dem Mittelmeerspeerfisch. Dessen Schwert ist kaum länger als der Unterkiefer, rund und wie Sandpapier mit unzähligen Zähnchen besetzt.

Die Haut der Schwertfische ist schuppenlos und schleimig. Die Körperfärbung variiert am Rücken von dunklem Purpur über Graublau, Dunkelbraun bis Schwarz. Die Flanken sind silbergrau und die Flossen schwarz. Schwertfische sind sehr gute Kämpfer. Der weltweit schwerste gewogene Fisch brachte es auf 655 kg. Im Mittelmeer liegt das Durchschnittsge-wicht der von Anglern erbeuteten Fische aber meist unter 50 kg.

TECHNIK: Driften mit Naturköder tags und nachts, Schleppfischen nachts

KÜCHE: Der Geschmack ähnelt dem von Kalbfleisch. Das Fleisch ist fest, von feiner Textur und eignet sich als Steak bestens zum Grillen. Es wird allerdings schnell trocken!

Mittelmeer-Speerfisch

NAMEN: Tetrapturus belone (lat.), **Marlin de Mediterranée** (Frankreich), **Acura imperiale** (Italien), **Marlin des Mediterráneo** (Spanien), **Iglan** (Kroatien), **Mediterranean spearfish** (international)

VORKOMMEN: Im gesamten Mittelmeer bis auf die nördliche Ägäis, häufig um Italien

Der Körper des bis zu 2,4 m langen Schwertträgers ist schlank und gestreckt. Der Rücken ist blau-schwarz gefärbt und die Flanken silbern-weiß. Das Schwert ist kurz und kaum länger als der Unterkiefer. Dies unterscheidet ihn vom einzigen weiteren Schwertträger im Mittelmeer, dem Schwertfisch. Zudem ist der Körper des bis zu 70 kg schweren Fisches dicht bedeckt mit langen knochigen Schuppen, die in 3-5 Spitzen enden, die Haut des Schwertfischs ist dagegen schuppenlos.

TECHNIK: Trolling mit Lures

KÜCHE: Hat ein Fisch den Haken zu tief geschluckt und wird entnommen, sollte er für die Küche sofort ausgeblutet werden. Das Fleisch ist sehr wohlschmeckend und eignet sich selbst für Sashimi.

Blauflossenthun

NAMEN: Thunnus thynnus (lat.), **Roter Thunfisch** (Deutschland), **Atún rojo** (Spanien), **Thon rouge** (Frankreich), **Tonno rosso** (Italien), **Tuna plava** (Kroatien), **Tonnos** (Griechenland), **Bluefin tuna** (international)

VORKOMMEN: Im gesamten Mittelmeer

Der Blauflossenthun ist der größte aller Thune. Sein Körper ist spindelförmig, mit dem größten Durchmesser auf der Hälfte der angelegten Brustflosse. Danach verjüngt sich der Rumpf kontinuierlich bis zur schmalen Schwanzwurzel. Im Vergleich zu anderen Thunen ist der Kopf lang und etwas spitz, die Augen sind klein. Die Brustflossen sind relativ kurz und reichen an den Körper angelegt nicht über das Ende der ersten Rückenflosse hinaus. Das unterscheidet ihn vom Weißen Thun (Albacore) und dessen sehr langen Brustflossen. Im Mittelmeer wurden schon über 500 kg schwere Bluefins gelandet. Doch das sind seltene Ausnahmen: Die Masse der geangelten Fische wiegt zwischen 30-60 kg; Thune mit über 100 kg sind aber je nach Region und Jahreszeit durchaus zu fangen.

TECHNIK: Driftfischen und Anfüttern mit Sardine, Poppern, Jiggen, Schleppfischen

KÜCHE: Vom Feinsten, wer Sushis und Sashimi mag. Auf dem Grill kann das Fleisch schnell trocken werden.

Weißer Thun

NAMEN: Thunnus alalunga (lat.), Atùn blanco (Spanien), **Germon** (Frankreich), **Alalonga** (Italien), **Albakor** (Kroatien), **Tonnos makropteros** (Griechenland), **Ton baligi** (Türkei), Albacore **(international)**

VORKOMMEN: Im gesamten Mittelmeer

Der Körper ist im Vergleich mit anderen Thun-Arten lang gestreckt und erreicht den größten Durchmesser erst an der zweiten Rückenflosse. Eindeutiges Erkennungsmerkmal sind die extrem langen Brustflossen. An den Körper angelegt, reichen sie bei Fischen über 50 cm Länge bis über die Afterflosse hinaus. Damit kann er eindeutig von einem kleinen Blauflossenthun unterschieden werden. Die Fische können bis 127 cm lang und über 40 kg schwer werden; Fänge mit über 20 kg sind im Mittelmeer eher selten. Weiße Thune ziehen meist uferfern umher und sind hoch geschätzte Kämpfer an leichtem Gerät.

TECHNIK: Schleppfischen mit künstlichen Ködern. Albacore sind nicht bootsscheu und attackieren selbst Wobbler 10 m hinter dem Boot.

KÜCHE: Albacore sind begehrte Speisefische. In den USA werden sie als „white meat tuna", als weißfleischiger Thun, vermarktet. Nach dem Fang sofort ausbluten.

Falscher Bonito

NAMEN: Euthynnus alletteratus (lat.), **Bacoreta** (Spanien), **Thonine** (Frankreich), **Tonetto** (Italien), **Luc** (Kroatien), **Karvouni** (Griechenland), **Yaziliorkinus** (Türkei), **Little tunny**, **False Albacore** (international)

VORKOMMEN: Im gesamten Mittelmeer

Der Rücken des Falschen Bonitos ist dunkel-türkis bis stahlblau, die Flanken und der Bauch silberweiß. Auf dem Rücken zeigen sich gebrochene, dunkle wellige Streifen. Sie beginnen ab der Mitte der ersten Rückenflosse und werden nach unten durch das Seitenlinienorgan begrenzt. Little Tunny sind von allen anderen Thunarten leicht durch die 3-7 schwarzen Flecken zu unterscheiden, die zwischen Bauch- und Brustflosse zu sehen sind.

Der pelagisch lebende Fisch wird bis zu 10 Jahre alt, 1,2 m lang und 20 kg schwer. In der Adria können vor Kroatien Exemplare mit 13-14 kg gefangen werden.

TECHNIK: Schleppfischen mit künstlichen Ködern, Spinnfischen. Der Fisch ist scheu, deshalb nicht in einen Schwarm hineinfahren, allenfalls hineindriften lassen.

KÜCHE: Das Fleisch mit seiner groben Textur und starkem Eigengeschmack ist für viele von minderer Qualität. Der fischige Geschmack verschwindet aber, wenn der Fisch sofort ausgeblutet wird und von den Filets die dunkleren (blutreichen) Anteile abgetrennt werden.

Atlantischer Bonito

NAMEN: Sarda sarda (lat.), **Bonito del norte** (Spanien), **Bonite**, **Pélamide** (Frankreich), **Palamida** (Kroatien), **Palamidi** (Albanien), **Palamida** (Griechenland), **Palamut** (Türkei), **Atlantic bonito** (international)

VORKOMMEN: Im gesamten Mittelmeer

Der Rücken des Bonitos ist stahlblau bis blaugrün, die Flanken und der Bauch sind silbern. Auf dem Rücken verlaufen 7-20 lang gezogene diagonale Streifen. Sie fallen von hinten nach vorne zum Kopf hin ab und reichen über die Seitenlinie hinaus. Noch nicht geschlechtsreife Jungtiere tragen an den Flanken überdies 10-12 breite vertikale und dunkelblaue Streifen.

Das Maul des Bonitos ist größer als das der Thune, dies gilt auch für die Zähne. Im Mittelmeer wird der Fisch mit etwa 40 cm geschlechtsreif und laicht zwischen Mai und Juni. Er kann bis zu 91 cm lang und 11 kg schwer werden. Erwachsene Bonitos schwimmen in kleinen Schulen und sind in Relation zu ihrem Gewicht sehr starke Kämpfer.

TECHNIK: Schleppfischen mit kleineren künstlichen Ködern, Chumming mit Sardinen vom verankerten Boot aus.

KÜCHE: Atlantische Bonitos schmecken sehr gut; es lohnt sich, sie aufzuspüren.

Fregattmakrele

NAMEN: Auxis rochei (lat.), **Melva canutera** (Spanien), **Auxide** (Frankreich), **Tombarello** (Italien), **Trup** (Kroatien), **Kopáni** (Griechenland), **Tombik baligi** (Türkei), **Bullet Tuna**, **Frigate Mackerel** (international)

VORKOMMEN: Im gesamten Mittelmeer

Der Fisch ähnelt der **Atlantischen Makrele**. Er hat aber einen rundlicheren, geschossförmigen Körper, daher auch der englische Name „Bullet Tuna". Der Rücken ist dunkelblau und geht zum Kopf hin in dunkelviolett bis schwarz über. Auf den oberen Seiten zeigt sich hinter der ersten Rückenflosse ein Muster von 15 oder mehr breiten, gezackten unregelmäßigen Streifen. Die Flanken sind silbern, der Bauch ist weiß. Um die Brustflossen findet sich ein schmales Band kleiner Schuppen. Vor den Ebro ziehen die „Melvas" im Juni/Juli und verschwinden meist Anfang Oktober wieder. Die Fische werden etwa 5 Jahre alt und knapp 2 kg schwer. Der All Tackle Weltrekord wurde 2004 vor **L'Ampolla** (Spanien), aufgestellt und wog 1,84 kg. Wegen ihrer Häufigkeit gilt diese Art als wichtiges Glied in der Nahrungskette größerer Raubfische.

TECHNIK: Künstliche und natürliche Köder an leichtem Gerät. An der Fliege sind sie echte Spaßbringer. Die Fische sind leicht zu orten, da sie sichtbar an der Oberfläche rauben.

KÜCHE: Das Fleisch ist von minderer Qualität.

Blasenmakrele

NAMEN: Scomber colias (lat.), **Estornio** (Spanien), **Maquereau espagnol, Maquereau blanc** (Französisch) , **Lanzardo** (Italien), **Atlantic chub mackerel** (international)

VORKOMMEN: Im gesamten Mittelmeer

Die **Blasen-** oder **Mittelmeermakrele** ähnelt mit ihrem gestreckten Körper und den welligen Streifen am Rücken der **Atlantischen Makrele**. Auffällig sind allerdings die unregelmäßigen, oftmals länglichen und graublauen Flecken auf den Flanken und dem Bauch des Fisches. Weil diese bis zu 2 kg schwere Makrelenart im Gegensatz zu ihrem atlantischen Vetter eine Schwimmblase besitzt, wird sie im Deutschen auch so genannt: Blasenmakrele.

TECHNIK: Kleine künstliche und natürliche Köder, vor allem an leichtem Gerät oder an der Fliegenrute ist der Fisch ein toller Kämpfer

KÜCHE: Wohlschmeckend, gebraten, gegrillt oder geräuchert

Goldmakrele

NAMEN: Coryphaena hippurus (lat.), Llampuga (Spanien), **Coryphène** (Frankreich), **Lampuga, Corifena Cavallina** (Italien), **Lampuga** (Kroatien), **Dolphinfish, Dorado** (internat.)

VORKOMMEN: Im gesamten Mittelmeer

Die Keilform und ihre goldgrüne Färbung mit den vielen kleinen, metallisch-blaugrünen oder schwarzen Punkten machen die Goldmakrele unverwechselbar. Ihr Körper verjüngt sich hinter dem Kopf gleichmäßig bis zur Schwanzwurzel; überdies sind die Flanken des Fisches sehr flach. Weibliche Fische können von männlichen leicht an ihrer Schädelform unterschieden werden: Rogner haben eine rundliche Stirn und Milchner eine eckige.

Goldmakrelen wachsen extrem schnell. Sie erreichen im ersten Lebensjahr ein Gewicht von bis zu 18 kg bei einer Länge von 122 cm. Sie werden nur 4 Jahre alt, aber rund 1,5 m lang und über 30 kg schwer. Sie suchen Schutz unter Objekten an der Wasseroberfläche und können dann etwa an umhertreibenden Holzpaletten oder anderem Unrat gefangen werden.

TECHNIK: Schleppen, Spinnfischen, Driften mit Sardinenstücken

KÜCHE: Hervorragend. Das Fleisch wird auch roh für Sashimi verarbeitet.

Gelbflossen-Stachelmakrele

NAMEN: Pseudocaranx dentex (lat.), Jurel denton (Spanien), **Carange dentue** (Frankreich), **Carangu dentice** (Italien), **Šnjurak** (Kroatien), **Kokali** (Griechenland), **Guelly jack,** **White trevally** (international)

VORKOMMEN: Im gesamten Mittelmeer außer in der nördlichen und mittleren Adria

Der Körper ist gestreckt, seitlich abgeflacht und von blasser grün-blauer Farbe am Rücken und silbern an den Flanken. Die Flossen sind zumeist dunkel-gelb. Auf dem oberen Rand des Kiemendeckels sitzt ein deutlicher schwarzer Fleck. Dies ist ebenso ein Erkennungsmerkmal, wie die zwei vor der Afterflosse stehenden Stachelstrahlen. Die Seitenlinie ist nur leicht gebogen, auf ihrem hinteren Ende finden sich 34-36 harte, kantige Schuppen. Auf der Mitte der Körperseiten verläuft meist ein gelber Streifen, der sich zur Schwanzwurzel hin verbreitert. Die bis zu 80 cm langen Schwarmfische leben zumeist über dem kontinentalen Schelf. Sie ziehen aber auch unter die Küste und in Buchten. Die übliche Fanggröße im Mittelmeer schwankt um die 45 cm.

TECHNIK: Zufallsfänge beim Schlepp- oder Driftfischen

KÜCHE: Gehört mit zu den besten Speisefischen! Auf der Atlantikinsel St. Helena wird der Fisch als „Lachs" bezeichnet und in Japan in Aquakulturen gezüchtet.

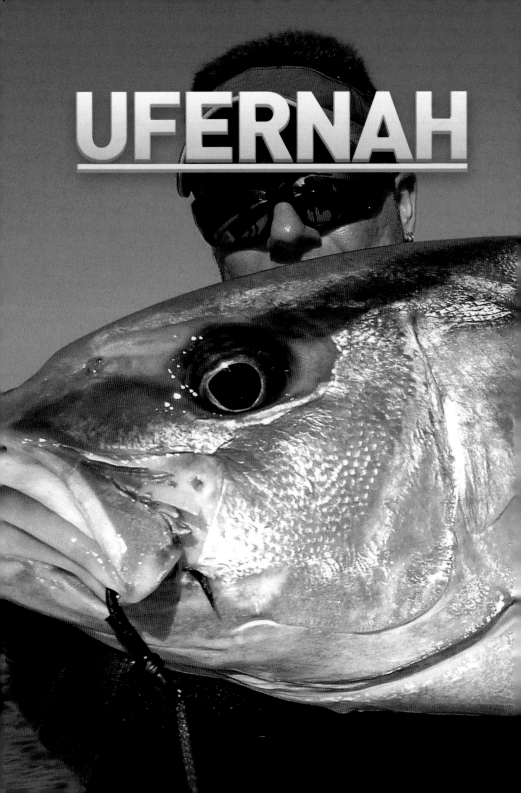

Große Gabelmakrele

NAMEN: Lichia amina (lat.), **Palometa, Palometon** (Spanien), **Liche** (Frankreich), **Leccie** (Italien), **Lica bjelica** (Kroatien), **Liza** (Griechenland), **Leerfish, Garrick** (international)

VORKOMMEN: Im gesamten Mittelmeer

Der Fisch kann an der ausgeprägt wellenförmigen Seitenlinie auf den ersten Blick erkannt werden: Sie setzt hoch über der Brustflosse an, fällt entlang der Körpermitte ab, steigt im Bereich der Afterflosse wieder an und verläuft erst im letzten Körperviertel horizontal. Auf den Seiten unterhalb des braun-grünen Rückens verläuft eine Reihe von dunklen Punkten. Die helle Haut ist schuppenfrei und hat der Art den ursprünglich holländischen Namen „Leerfis" für „Lederfisch" gegeben. Das Maul ist groß und tief, die Kieferenden reichen über den hinteren Augenrand hinaus. Große Gabelmakrelen werden bis zu 2,0 m lang und können vor Spanien 50 kg schwer werden. In der Adria liegt das Maximalgewicht bei etwa 30 kg. Die Gabelmakrelen jagen küstennah an der Oberfläche und ziehen auch in Flussmündungen. Regelmäßig gute Fänge sind vor dem Ebro-Delta möglich.

TECHNIK: Schleppfischen mit Wobblern (um die 15 cm) und totem Köderfisch, Spinnfischen vom Ufer aus in der Brandung.

KÜCHE: Das Fleisch schmeckt zu Steaks filetiert und frisch gegrillt sehr gut.

Bernsteinmakrele

NAMEN: Seriola dumerili (lat.), **Pez de lemon** (Spanien), **Sériole couronnée** (Frankreich), **Lampuga** (Italien), **Gof** (Kroatien), **Magiatiko** (Griechenland), **Avci baliği** (Türkei), **Amberjack** (international)

VORKOMMEN: Im gesamten Mittelmeer

Der Körper ist langgestreckt und der Kopf kurz und spitz. Der Rücken und die obere Körperhälfte bis zur Seitenlinie sind blau-braun, die Körperflanken silbern. Vom Auge bis zum Ansatz der Rückenflosse verläuft ein bernsteinfarbener Streifen, der dem Fisch den Namen gab. Die Zähne der Fische sind klein. Das Maul ist groß und die breiten Kiefer reichen bis auf die Höhe der Augen. Die relativ kurzen Brustflossen sind etwa so lang wie die Bauchflossen. Die beiden Rückenflossen sind relativ klein. Die V-förmige Schwanzflosse weist den Amberjack als schnellen und kräftigen Schwimmer aus. Amberjacks können über 17 Jahre alt, bis 1,9 m lang und über 80 kg schwer werden. Ihre Kampfkraft steht der von Thunfischen kaum nach. Fische mit um die 70 kg können in der Adria sowie vor dem Ebro-Delta gefangen werden. Das Durchschnittsgewicht liegt bei 10-15 kg.

TECHNIK: Schleppfischen mit natürlichen Ködern, Jiggen im Winter

KÜCHE: Rundum ein Genuss! Besonders fernöstliche Zutaten wie Sojasoße, Ingwer oder Sesam-Panade harmonieren gut mit dem Fleisch.

Blaufisch

NAMEN: Pomatomus saltatrix (lat.), **Pez azul** (Spanien), **Tassergal** (Frankreich), **Serra** (Italien), **Strijelka** (Kroatien), **Gofári** (Griechenland), **Lüfer baligi** (Türkei), **Bluefish** (englisch)

VORKOMMEN: Im gesamten Mittelmeer

Der Rücken des langestreckten Fisches ist grünlich-dunkelblau, die Seiten und der Bauch sind silbrig weiß, mit kleineren, deutlich sichtbaren Schuppen. Die erste Rückenflosse wird von 7-8 kurzen Strahlen gehalten und wird vom Fisch meist in einer Körpergrube angelegt. Die Schwanzflosse ist tief gegabelt. Auffälligstes Kennzeichen sind die messerscharfen (!) Zähnchen in Ober- und Unterkiefer des großen Mauls. Blaubarsche werden bis zu 9 Jahre alt, 1,3 m lang und 14,4 kg schwer. Sie ziehen im Sommer und Herbst zur Jagd unter die Küsten. Dabei greifen sie Schwärme kleinerer Fische wie etwa Meeräschen an und töten oft wesentlich mehr Tiere, als sie fressen können. Die Räuber jagen auch ufernah an Küsten mit Brandung und ziehen in Flussmündungen wie die **Neretwa** (Kroatien) oder den **Ebro** (Spanien).

TECHNIK: Schleppfischen mit künstlichen und natürlichen Ködern, Spinnfischen vom Ufer aus. Stahlvorfach ist Pflicht.

KÜCHE: Sehr schmackhaft und geschätzt. Fische sollten nach dem Fang möglichst schnell gekühlt und frisch verzehrt werden, da das fettarme Fleisch rasch weich wird.

Wolfsbarsch

NAMEN: Dicentrarchus labrax (lat.), Róbalo, (Spanien), Llop (Mallorquin), Bar (Frankreich), Branzino (Italien), Brancin (Kroatien), Lavráki (Griechenland), Çizgili mercan (Türkei), European bass (international)

VORKOMMEN: Im gesamten Mittelmeer

Wolfsbarsche haben einen langgestreckten, spindelförmigen Körper. Ihr Rücken ist dunkel-graubraun, die Flanken sind heller, der Bauch weiß. Die Seitenlinie ist dunkel und gut erkennbar. Auf dem oberen Kiemendeckel sitzt häufig ein brauner Fleck. Der Kopf ist vollständig beschuppt. Der Hauptkiemendeckel ist mit zwei horizontalen, flachen Dornen besetzt. Die bis zu 12 kg schweren Räuber sind nachtaktiv und ziehen im Winter unter die Küsten.

TECHNIK: In den Wintermonaten bestens: abends und nachts Schleppfischen mit Wobblern oder Köderfisch. In der Dämmerung Spinnfischen an Flussmündungen oder felsigen Uferabschnitten mit Wobblern oder Gummifisch (11-15 cm) sowie in der Brandung angeln mit natürlichen Ködern auf Grund. Wolfsbarsche sind im Drill an leichtem Gerät echte Kämpfer und Spaßbringer.

KÜCHE: Das feste Fleisch hat ein sehr feines Aroma. Filets schmecken auf der entschuppten Haut knusprig gebraten oder gegrillt vorzüglich.

Gelbmaulbarrakuda

NAMEN: Sphyraena viridensis (lat.), Espetón boca amarilla (Spanien), Bécune bouche jaune (Frankreich), Barracuda mediterraneo (Italien), Žutousna barracuda (Kroatien), Kitrinostomoloutsos (Griechenland), Iskarmoz baliği (Türkei), Yellowmouth barracuda (international)

VORKOMMEN: Im gesamten Mittelmeer

Die Verbreitung des Gelbmaulbarrakudas ist im Mittelmeer nicht eindeutig geklärt, weil der Fisch häufig mit dem Europäischen Barrakuda (Sphyraena sphyraena) verwechselt wird. Eindeutiges Merkmal ist das namengebende gelb gefärbte Maulinnere. Zudem ragen die senkrechten dunklen Bänder auf den Seiten in der vorderen Körperhälfte über die Seitenlinie hinaus. Weiteres Merkmal: Beim Gelbmaul reicht das Ende der Brustflosse nicht bis an die Basis der Bauchflosse heran, wie das bei anderen Barrakuda-Arten der Fall ist. Gelbmaul-Barrakudas sind vergleichsweise schlank. Sie werden zwar bis 1,28 m lang, aber nur knapp über 8 kg schwer. Kleinere Exemplare werden in spanischen Märkten als Espetón gehandelt und eignen sich zum Schleppfischen auf Große Gabelmakrelen (Palometa).

TECHNIK: Wird vor allem beim Schleppfischen mit Wobblern als Zufallsfang erbeutet.

KÜCHE: gut

Meeräschen

Im Mittelmeer leben durch Zuwanderung über den Suez-Kanal mittlerweile neun Meeräschen-Arten. Zu den vier wichtigsten zählen die Dicklippen- und die Dünnlippenmeeräsche, sowie die Gold- und die Großkopfmeeräsche. Alle Meeräschen haben einen spindelförmig-langestrecken Körper, der mit großen, silbernen Schuppen besetzt ist. Der Rücken ist zumeist dunkelgrau. Über die silbergrauen Flanken laufen mehrere dunkle Längsstreifen. Die Brustflossenbasis befindet sich auffällig hoch am Körper. Die Bauchflossen an der Körperunterseite stehen immer deutlich hinter den Brustflossen.

Meeräschen sind Schwarmfische und leben nah an den Küsten. Nur im Winter ziehen sie in tiefere Regionen zum Laichen. Meeräschen ernähren sich von Zooplankton, Algen und wirbellosen Tieren am Boden.

DICKLIPPIGE MEERÄSCHE

NAMEN: Chelon labrosus (lat.), **Llisa avera** (Spanien), **Muge lippu** (Frankreich), **Cefalo chelone, Cefalo bosega** (Italien), **Cipal putnik** (Kroatien), **Sivribu runkefa** (Türkei), **Thick-lipped greymullet** (international)

Das charakteristische Kennzeichen, das dem Fisch den Namen gab, ist die vergrößerte Oberlippe, sowie die darauf sitzenden kleinen warzenähnlichen Erhebungen (Papillen). Diese Art wird bis zu 80 cm lang und 4,5 kg schwer.

DÜNNLIPPIGE MEERÄSCHE

NAMEN: Liza ramada (lat.), **Llissa de cappla** (Spanien), **Muge capiton** (Frankreich), **Muggine calamita** (Italien), **Tankousti cipelj** (Slowenien), **Thinlip greymullet** (international)

Wie der Name besagt, ist die Oberlippe dieser Meeräsche schmal. Ihr fehlen auch die Papillen ihrer dicklippigen Verwandten. Der Fisch wird bis zu 70 cm lang und 3 kg schwer.

GOLD-MEERÄSCHE

NAMEN: Liza aurata (lat.), **Llisa dorada** (Spanien), **Galta-roig** (katalanisch), **Muge doré** (Frankreich), **Muggine dorata** (Italien), **Cipalzlatac** (Kroatien), **Golden greymullet** (international)

Auch diesem bis zu 60 cm großen Fisch fehlt die vergrößerte Oberlippe der Dicklippigen Meeräsche. Ihr Erkennungszeichen ist ein deutlicher goldener Fleck auf den Kiemendeckeln.

GROSSKOPFMEERÄSCHE

NAMEN: Mugil cephalus (lat.), **Llissa llobarrera** (Spanien), **Muge cephale** (Frankreich), **Cefalo** (Italien), **Cipal batas** (Kroatien), **Kephalos** (Griechenland), **Flathead grey mullet** (international)

Der große, breite und zwischen den Augen abgeflachte Kopf hat ihr den Namen gegeben. Zudem sind die Brustflossen kurz, und erreichen nicht die Augen, wenn sie nach vorne geklappt werden. Großkopfmeeräschen können bis zu einem Meter lang werden und sind damit die größte Art in der Familie.

TECHNIK: Die scheuen Fische sind nur schwer zu fangen. Ein Teig aus Brot und Schmelzkäse hilft manchmal. Vor Spanien und anderswo greifen Einheimische in der Not zum Wurfnetz oder gar zum verpönten Reißdrilling.

KÜCHE: Bestens. Meeräschen werden wegen ihres guten Geschmacks mittlerweile in Aquakulturen aufgezogen. Ihr getrockneter Rogen gilt in Italien und Frankreich als Spezialität.

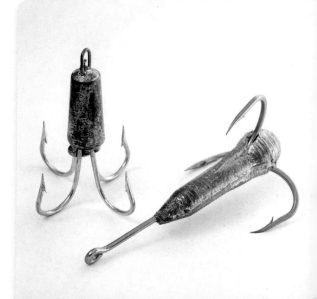

„Keine Zeit", heißt die Rechtfertigung, wenn Meeräschen-Köderfische am Ebro-Delta nicht gestippt, sondern gerissen werden. Die eigentlich auch dort verbotenen Reißdrillinge und -vierlinge werden in den Angelläden offen verkauft.

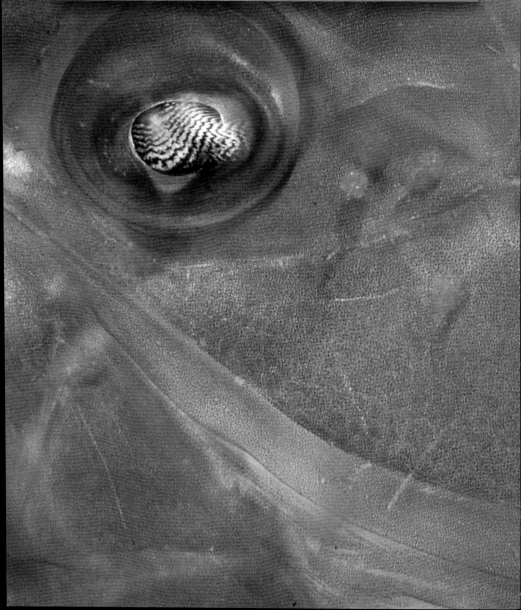

AM GRUND

Brauner Zackenbarsch

NAMEN: Epinephelus marginatus (lat.), **Mero moreno** (Spanien), **Merou brun** (Frankreich) **Cernia bruna** (Italien), **Kirnja** (Kroatien), **Rofos** (Griechenland), **Orfoz baliği** (Türkei), **Dusky Grouper** (international)

VORKOMMEN: Im gesamten Mittelmeer

Kopf und Rücken sind zumeist dunkel-rotbraun oder gräulich, der Bauch ist gold-gelb. An Kopf und Körper befinden sich unregelmäßige weiße oder blasse grün-gelbe Flecken, die meist vertikal angeordnet sind. Die Kanten der Brust- und Afterflossen sind manchmal in einen schmalen weißen Saum gefasst. Die Kante der Knochenplatte auf dem Kiemendeckel ist gerundet. Dieser schöne Grouper wird etwa 50 Jahre alt. Er lebt als territorialer Einzelgänger in Tiefen von bis zu 300 m. Nur in der Laichzeit kommen Fische zu Gruppen zusammen. Braune Zackenbarsche werden bis zu 1,5 m lang und 60 kg schwer. Fänge von 3-5 kg sind aber die Regel. Zu ihrer Hauptbeute zählen Krabben, Rifffische und Oktopus.

Die Art gilt als gefährdet und sollte, falls möglich, nach dem Fang zurückgesetzt werden.

TECHNIK: Grundfischen mit Kalmar, Fisch oder Kraken, Jiggen

KÜCHE: Begehrter Speisefisch mit festem Fleisch

Spitzkopfzackenbarsch

NAMEN: Epinephelus costae (lat.), **Falso abadejo** (Spanien), **Badèche** (Frankreich), **Cernia dorata** (Italien), **Kirnja zlatica** (Kroatien), **Stira** (Griechenland), **Kara lahoz** (Türkei), **Goldblotch grouper** (international)

VORKOMMEN: Im gesamten Mittelmeer

Erwachsene Fische sind einheitlich braun bis grau-braun gefärbt und können leicht an einem unregelmäßigen goldfarbenen Fleck auf dem Körper unterhalb der Rückenflosse erkannt werden. Alle Flossen sind dunkler als der Körper. Jüngere Fische zeigen am Kopf zwei dunkle Linien: eine verläuft vom unteren Augenrand diagonal nach unten zur Knochenplatte auf dem Kiemendeckel und die zweite vom Kieferrand zum unteren Ende der Knochenplatte.

Der Fisch lebt zumeist in Tiefen von 20–80 m über Sand, Schlamm und felsigem Grund. Dieser Grouper kann über 1,4 m lang werden und gehört damit zu den größten im Mittelmeer.

TECHNIK: Tote Köderfische oder Oktopus grundnah angeboten, Jiggen

KÜCHE: Sehr gut

Wrackbarsch

NAMEN: Polyprion americanus (lat.), **Cherna** (Spanien), **Cernier commun** (Frankreich), **Cernia di fondali** (Italien), **Kirnja glavulja** (Kroatien), **Vlachos** (Griechenland), **Iskorpit hanisi** (Türkei), **Wreckfish** (international)

VORKOMMEN: Im gesamten Mittelmeer, ohne nördliche und mittlere Adria

Der Rücken des massigen Fisches ist blaugrau, die Seiten sind heller und schimmern silbern. Die Flossen sind schwarzbraun. Jungtiere tragen schwarze Punkte auf Kopf und Körper. Der Wrackbarsch kann eindeutig an dem starken knöchernen Grat erkannt werden, der sich horizontal über den oberen Kiemendeckel zieht. Zudem weist der Rand des Kiemendeckels nur einen spitzen Dorn auf und ist nicht gezackt wie bei den Zackenbarschen. Ein Fisch der Extreme: Das höchste Alter für einen Wrackbarsch wurde auf 81 Jahre bestimmt. Die Fische können bis 2,1 m lang und womöglich bis 200 kg schwer werden. Die Durchschnittsgröße liegt bei etwa 80 cm. Die standorttreuen Einzelgänger leben zumeist in Tiefen von 60-500 m, wurden aber auch schon in 1000 m Tiefe gesichtet. Sie bevorzugen felsigen Grund mit Höhlen oder tiefen Spalten, sowie Schiffswracks als Unterstand.

TECHNIK: Grundfischen mit schwerstem Gerät und natürlichen Ködern

KÜCHE: Das Fleisch ist zart und sehr geschätzt.

Petersfisch

NAMEN: Zeus faber (lat.), Heringskönig (dt.), Pez de San Pedro (Spanien), Saint-Pierre (Frankreich), Pesce S. Pietro (Italien), Kovac (Kroatien), Christopsaro (Griechenland), Peygamber baligi (Türkei), John Dory, St. Peter´s fish (international)

VORKOMMEN: Im gesamten Mittelmeer.

Der diskusförmige Körper ist grau bis grünlich-gelb gefärbt. Auf den Seiten zeigt sich ein großer und runder, schwarzer Fleck, der oftmals gelblich-weiß umsäumt ist: Einer Legende nach ist es der Fingerabdruck des Apostels Petrus. Die vordere der zwei Rückenflossen trägt 9-10 auffallend lange Stachelstrahlen. Der räuberische Fisch kann bis zu 12 Jahre alt sowie 90 cm groß werden und lebt über Grund in Tiefen von bis zu 200 m. Dort macht er Jagd auf Schwarmfische, wie etwa Stöcker oder kleinere Arten, die er mit seinem großen und weit ausstülpbaren Maul einsaugt. Im Deutschen ist er auch unter dem Namen Heringskönig bekannt, weil er in der Nordsee Heringsschwärmen folgt.

TECHNIK: Lebende Köderfische am Grund (siehe ???, Seite 112), Sardinenstücke

KÜCHE: Eine Delikatesse! In Frankreich wird er wegen seines festen und weißen Fleisches auch „poule de mer" (Meerhühnchen) genannt.

Großer roter Drachenkopf

NAMEN: Scorpaena scrofa (lat.), **Cabracho, Rascacio** (Spanien), **Rascasse rouge** (Frankreich), **Scarpina rossa** (Italien), **Škrpina** (Kroatien), **Skorpina** (Griechenland), **Lipsoz** (Türkei), **Red scorpionfish** (international)

VORKOMMEN: Im gesamten Mittelmeer

Der Körper ist gedrungen und der Kopf mit Stacheln besetzt. Der Fisch ist zumeist rot marmoriert bis orange und braun oder schwarz gefleckt. Die Rückenflosse ist tief eingeschnitten und ihr stachelstrahliger vordere Teil länger als der weichstrahlige. Die Brustflossen sind groß und breit. Über den Augen und auf den Nasenlöchern sitzen tentakelartige Hautfortsätze. Der Einzelgänger wird bis zu 50 cm lang und etwa 3 kg schwer. Der Grundfisch lebt in Tiefen von 20-500 m von kleineren Fischen und Schalentieren.

VORSICHT: Die Stachelstrahlen der Rückenflosse und die Dornen der Kiemendeckel führen Gift, das auch für Menschen gefährlich sein kann.

TECHNIK: Grundfischen mit natürlichen Ködern

KÜCHE: Das weiche Fleisch ist besonders wohlschmeckend. In Südfrankreich gilt er als Krönung jeder Bouillabaise. Große Fische werden im Ganzen gegrillt oder gebraten.

Kleiner Sägebarsch

NAMEN: Serranus cabrilla (lat.), **Cabrilla** (Spanien), **Serran-chèvre** (Frankreich), **Sciarrano cabrilla** (Italien), **Kanjac** (Kroatien), **Comber** (international)

VORKOMMEN: Im gesamten Mittelmeer

Der Körper des bis zu 40 cm langen Fisches ist gestreckt und je nach Standort rötlich bis bräunlich gefärbt. Über die Flanken ziehen sich 7-9 rotbraune breite Streifen. Sie werden durch bis zu drei horizontale helle Linien unterbrochen, die vom Kopf bis zum Schwanz verlaufen. Die Augen sitzen in dem spitzen Kopf weit oben. Der Vorderkiemendeckel ist am hinteren Rand gesägt; der Hauptkiemendeckel weist meist 2 bis 3 Dornen auf.

Die Brustflossen sind abgerundet und die Bauchflossen hell. Der maximal 40 cm lange Fisch ist ein echter Zwitter, hat also gleichzeitig funktionstüchtige männliche und weibliche Keimdrüsen. Sägebarsche leben am Grund in Tiefen von bis zu 450 m. Sie sind standorttreu, bilden Reviere, die sie gegenüber Artgenossen verteidigen und laichen von April bis Juli.

TECHNIK: Grundfischen mit Sardinen, Krebsen und anderen natürlichen Ködern

KÜCHE: Vorzüglich und sehr begehrt!

Schriftbarsch

NAMEN: Serranus scriba (lat.), **Serrano esccribano** (Spanien), **Serran écriture** (Frank-reich), **Barchetta** (Italien), **Pirga** (Kroatien), **Ker bibil** (Albanien), **Yazili hani** (Türkei), **Painted comber** (international),

VORKOMMEN: Im gesamten Mittelmeer

Der Schriftbarsch hat einen gedrungenen Körper mit einem relativ großen und spitz zu-laufenden Kopf. Rücken und Flanken sind braun-rot und der Bauch grau gefärbt. Über die Seiten verlaufen 5-6 senkrechte breite Streifen, wovon sich einige unterhalb der Seitenline aufspalten. Die Kopfzeichnung besteht aus unzähligen, verschnörkelten braunen Linien, die an arabische Schriftzeichen erinnern. Dies erklärt auch die Namensgebung. Weiteres Kenn-zeichen ist überdies ein sehr großer und intensiv leuchtender violett-hellblauer Fleck auf der Seite oberhalb des Ansatzes der Afterflosse.

Schriftbarsche werden bis zu 36 cm lang und leben an felsigen Küsten in Tiefen von bis zu 150 Metern. Die Einzelgänger jagen Krustentiere, Sardellen und andere kleine Fische.

TECHNIK: Grundfischen mit natürlichen Ködern.

KÜCHE: Das grätenarme Fleisch schmeckt besonders gut gebraten oder gegrillt.

Schwarzschwanzsägebarsch

NAMEN: Serranus atrricauda (lat.), Serrano Imperial (Spanien) Serran à queue noir (Frankreich), **Sciarrano** (Italien), **Blacktail comber** (international)

VORKOMMEN: Im westlichen Mittelmeer vor Spanien, Frankreich, Algerien und Marokko

Der Körperbau ist barschartig langestreckt und hellbraun gefärbt. Auf den Flanken befinden sich 4-5 große, unregelmäßig rechteckige dunkelbraune Flecken. Die Rückenflosse und die schwarze Schwanzflosse sind mit leuchtend blauen Punkten besetzt. Die erste Rückenflosse wird überdies von zehn Hartstrahlen gestützt.

Der Fisch lebt in Küstengewässern bis 150 m Tiefe über felsigem und sandigem Meeresgrund. Der strandorttreue Barsch kann ausgewachsen bis zu 43 cm lang werden und frisst Krustentiere und kleine Fische. Auch dieser Barsch ist ein echter Zwitter, hat also gleichzeitig funktionstüchtige männliche und weibliche Keimdrüsen. Trotz seiner durchschnittlichen Größe von nur etwa 25 cm wird er in seinem gesamten Verbreitungsgebiet semiprofessionell befischt und vermarktet.

TECHNIK: Grundangeln mit natürlichen Ködern

KÜCHE: Gut!

Mittelmeer-Stöcker

NAMEN: Trachurus mediterraneus (lat.), **Jurel, Sorel** (Spanien), **Saurel** (Frankreich),
Suro (Italien), **Mediteranski Šarun** (Kroatien), **Mediterranean horse mackerel** (internat.)

VORKOMMEN: Im gesamten Mittelmeer

Diese Art ist eine von drei Verwandten, die im Mittelmeer vorkommen und sich nur in
Details unterscheiden. Bei den beiden anderen Spezies handelt es sich um die eigentliche
Holz-oder **Bastardmakrele** (Trachurus trachurus), die auch **Stöcker** genannt wird, sowie
um die **Blaue Bastardmakrele** (Trachurus picturatus), die vor allem im westlichen Mittelmeer vorkommt.

Der **Mittelmeer-Stöcker** hat einen einheitlich graugrün-metallisch gefärbten Rücken und
trägt einen schwarzen Fleck auf dem Kiemendeckel. Er ähnelt damit der **Holzmakrele**. Allerdings sind beim **Mittelmeer-Stöcker** die Knochenschilde auf dem gekrümmten Teil der
Seitenlinie deutlich kleiner als bei der Holzmakrele.

Die **Blaue Bastardmakrele** (bläulich schimmert ihr Rücken) kann von ihren Verwandten
durch einen Blick auf die Afterflosse unterschieden werden: Nur beim Mittelmeer-Stöcker
und der **Holzmakrele** sitzen vor der Afterflosse noch zwei zusätzliche getrennte kleine
Stachelstrahlen, sie fehlen bei der **Blauen Bastardmakrele**.

Die Holzmakrele wird größer als der Mittelmeer-Stöcker.

Mittelmeer-Stöcker werden bis zu 50 cm lang; **Holzmakrelen** und **Blaue Bastardmakrelen** erreichen bis zu 60 cm. Alle drei Arten sind Schwarmfische und leben zumeist bodennah in Tiefen von bis zu 500 m. Sie ernähren sich überwiegend von Kleinfischen wie Sardinen und Anchovis oder von Krustentieren.

TECHNIK: Paternoster mit „Makrelenfliegen" (Sabiki Rig), natürliche Köder an Seiten-arm-Montagen einige Meter über Grund angeboten. Optimal sind Schwanzstücke von Sardinen an Haken mit einer Öffnung von etwa 18 mm.

KÜCHE: Gegrillt sehr gut!

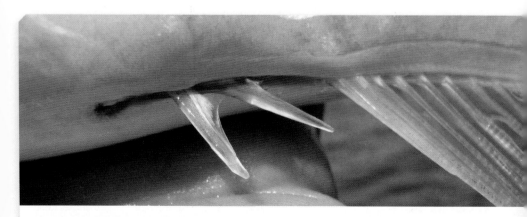

Diese Stacheln fehlen der Blauen Bastardmakrele.

Europäischer Conger

NAMEN: Conger conger (lat.), **Congrio comùn** (Spanien), **Congre d'Europe** (Frankreich), **Ruongo** (Italien), **Ugor** (Kroatien), **Mougri** (Griechenland), **Migri** (Türkei), **Conger eel** (international)

VORKOMMEN: Im gesamten Mittelmeer

Der Fisch ähnelt auf den ersten Blick einem heimischen Aal. Sein Kopf ist aber größer und das tiefe Maul des Congers reicht bis unter das vergleichsweise große Auge. Der Körper, der zum Schwanz hin flacher wird, ist im Gegensatz zu Muränen einfarbig dunkelbraun bis dunkelgrau. Zudem haben Conger Brustflossen, Muränen nicht.

Der Europäische Conger kann bis zu 3 m lang und über 110 kg schwer werden. Der nachtaktive Räuber lebt auf felsigen Böden bis in Tiefen von bis zu 1000 m und jagt dort Fische, Kraken und Krustentiere. Conger ziehen im Alter von 5-15 Jahren wie Aale zum Laichen über den Atlantik in das Sargasso-Meer. Im Mittelmeer sind zwei weitere Conger-Arten heimisch: der bis zu 50 cm lange Balearen-Conger (Arioso mabalearicum) sowie der bis zu 60 cm lange Dünnlippen-Conger (Gnathopinus mystax).

TECHNIK: Grundfischen mit schwerem Gerät und totem Köderfisch

KÜCHE: Gut; das Fleisch ist fest und mager.

Mittelmeer-Muräne

NAMEN: Muraena helena (lat.), **Morena mediterranea** (Spanien), **Murène de Mediterranée** (Frankreich), **Murena comune** (Italien), **Murina** (Kroatien), **Smerna** (Griechenland), **Merina** (Türkei), **Mediterranean moray** (internat.)

VORKOMMEN: Im gesamten Mittelmeer

Muränen sind an ihrem schlangenförmigen, aber seitlich stark abgeflachten Körper zu erkennen. Er ist braun bis schwärzlich-braun gefärbt und gelb gefleckt. Die Rückenflosse setzt noch vor der Kiemenspalte an und geht nahtlos in Schwanz- und Afterflosse über. Die Nasenlöcher sind röhrenförmig verlängert. Das Maul ist sehr groß und reicht bis hinter die Kiemen. Die langen und spitzen Zähne sind nach hinten gebogen. Zudem sitzt tief im Schlund eine weitere Reihe Zähne, die nach vorne gestülpt werden kann, um gepackte Beute in den Rachen zu ziehen. Ihre Mundhöhle kann durch Aas Giftstoffe enthalten. Eigenes Gift produzieren Muränen nicht. Die nachtaktiven Räuber leben in Felsspalten und Löchern in Tiefen von bis zu 300 m und können bis zu 1,50 m lang werden.

TECHNIK: Grundfischen mit natürlichen Ködern

KÜCHE: Das etwas fette Fleisch ist schmackhaft und war schon in der Antike im gesamten Mittelmeerraum beliebt. Vor dem Braten die dicke Haut abziehen, aus der früher auch Leder hergestellt wurde.

Petermännchen

NAMEN: Trachinus sp. (Latein), **Araña** (Spanien), **Grande Vive** (Frankreich), **Dragena** (Italien), **Pauk** (Kroatien), **Drakéna** (Griechenland), **Trakonya** (Türkisch), **Great weever fish** (international)

Vorsicht: Hinter dem witzig klingenden deutschen Namen versteckt sich eines der giftigsten Tiere Europas!

Doch ihr Fang lohnt sich. Im Mittelmeer kommen fünf verschiedene Arten vor, die sich äußerlich nur durch Färbung und Größe unterscheiden. Alle Vertreter haben einen keilförmigen und seitlich abgeflachten Körper, der sich zur Schwanzwurzel hin verjüngt. Ihre Augen liegen auf der Kopfoberseite, das Maul ist steil nach oben gerichtet. Auffällig ist die zweigeteilte Rückenflosse. Die erste ist kurz, oftmals schwarz und wird von 5-7 Giftstacheln gestützt, die zweite ist langgestreckt und zählt 21-32 Weichstrahlen. Ein weiterer Giftstachel verläuft horizontal am oberen Rand des Kiemendeckels. Die Körperfärbung ist meist dem Bodengrund angepasst und besteht aus dunkelbraunen bis schwarzen unregelmäßigen Tarnflecken auf hellem Braun. Petermännchen werden je nach Art 15 bis 53 cm lang und über 2 kg schwer.

Neben dem **Großen Petermännchen (Trachinus draco)**, das auch im Atlantik verbreitet ist, kommen im Mittelmeer drei weitere Arten vor: die **Viperqueise (Echiichthys vipera)**, das Mittelmeer-Petermännchen (Trachinus aranaeus) und das Strahlen-Petermännchen (Trachinus radiatus).

Das Gift kann bereits in geringen Mengen große Schmerzen, Taubheitsgefühl und starke Schwellungen hervorrufen. Ist kein Arzt in der Nähe, sollte als Erste Hilfe das betroffene Körperteil für mindestens 15 Minuten in noch erträglich heißes Wasser (45 °C) gehalten werden, weil damit das Eiweiß des Giftes zerstört werden kann. Um Verbrennungen der manchmal schon gefühllosen Körperstelle zu vermeiden, sollte die Wassertemperatur etwa mit einer gesunden Hand oder durch einen Helfer kontrolliert werden. Angler sollten Fische mit einer Flachzange packen, töten und die Giftstrahlen abzwicken, weil sie auch über den Tod des Fisches hinaus noch für längere Zeit aktiv sind.

TECHNIK: Mit Naturköder am Grund, Inchikus, Slow Jigging, Tenya mit Garnele

KÜCHE: Das delikate Fleisch ist etwas trocken, aber überaus schmackhaft.

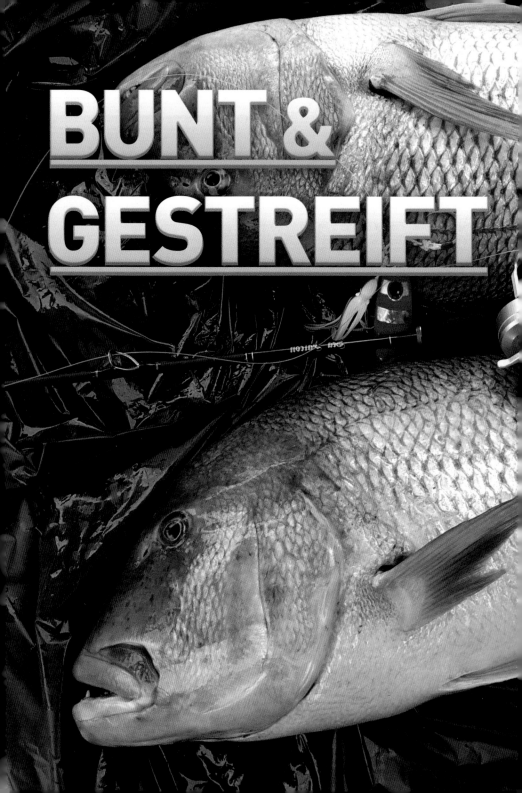

BUNT &
GESTREIFT

Zahnbrasse
Dentex dentex

kegelförmig spitz

Zähne äußerer
Reihe spitz

1 m | 14 kg » S. 114

Gemeine Meerbrasse
Pagrus pagrus

kegelförmig spitz

Mahlzähne

30-40 cm | 17 kg » S. 127

Achselfleckbrasse
Pagellus acarne

spitz wie Hundezähne

Mahlzähne

36 cm » S. 123

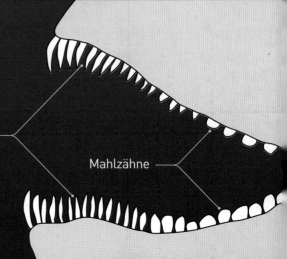

Geißbrasse

Diplodus sargus sargus

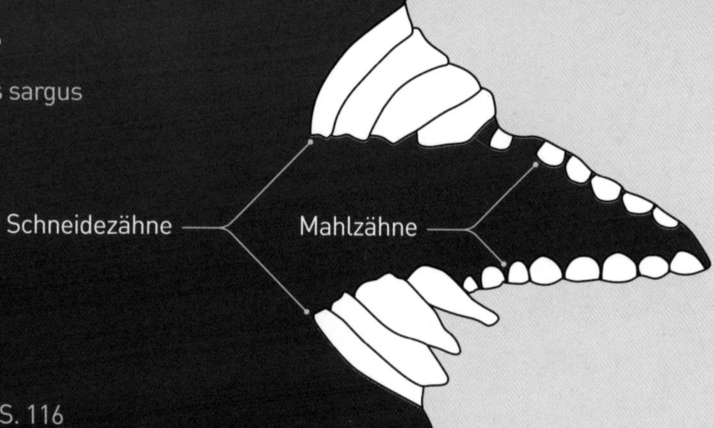

Schneidezähne — | — Mahlzähne

50 cm | 2 kg » S. 116

Brandbrasse

Oblada melanura

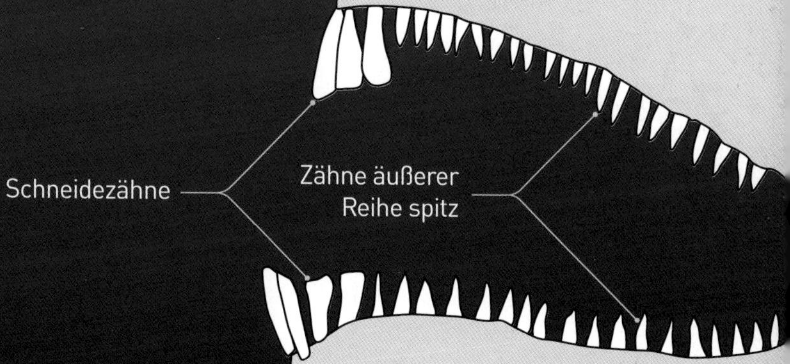

Schneidezähne — | — Zähne äußerer
Reihe spitz

35 cm | 600 g » S. 122

Gelbstriemenbrasse

Boops boops

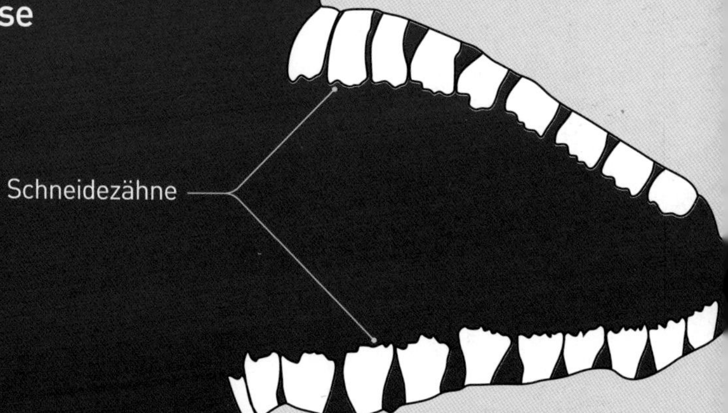

Schneidezähne —

36 cm » S. 129

Zahnbrasse

NAMEN: Dentex dentex (lat.), **Dentón** (Spanien), **Denté** (Frankreich), **Dentato** (Italien), **Zubatac** (Kroatien), **Synagrida** (Griechenland), **Sinagrit** (Türkei), **Common dentex** (engl.)

VORKOMMEN: Im gesamten Mittelmeer

Der Körper dieser Art ist oval und seitlich abgeflacht. Das Kopfprofil ist rundlich, die Backen sind mit Schuppen besetzt. Jüngere Fische sind dunkelgrau auf dem Rücken, die Flanken werden rosa mit einsetzender Geschlechtsreife. Auf Rücken und den oberen Seiten zeigen sich deutliche schwarze Punkte. Der Rücken und die Flanken größerer Fische sind blaugrau und mit verblassenden Punkten. Einige Fische haben eine gelbe Färbung hinter dem Maulwinkel und auf dem Kiemendeckel. Die Rückenflosse wird gehalten von 11 harten Dornen sowie 11-12 weichen Strahlen. Zahnbrassen leben über hartem Grund zumeist in Tiefen von unter 50 m. Sie werden bis zu 1 m lang und 14 kg schwer.

TECHNIK: Am Besten ist Schleppfischen mit lebenden Kalmaren oder Hornhechten. Im Winter und Mai-Juni auch mit Inchiku-Jigs und tiefgeschleppten Wobblern. Beim Grundfischen mit Sardellen oder (lebenden) Gelbstriemenbrassen an einer **Seitenarmmontage** sollten die Haken eine Öffnung von 15-25 mm haben.

KÜCHE: Hervorragend. Wildfänge erzielen höchste Preise.

Dickkopf-Zahnbrasse

NAMEN: Dentex gibbosus (lat.), **Sama de pluma** (Spanien), **Denté bossu** (Frank-reich), **Dentice corazziere** (Italien.), **Zubatac krunaš** (Kroatien), **Fagri koronato** (Griechen-land), **Atelnli balik** (Türkei), **Pink dentex** (international)

VORKOMMEN: Vermutlich im gesamten Mittelmeer; vor der französischen Küste und in der nordwestlichen Adria eher selten. Diese Art hat den gleichen hochrückigen Körperbau wie ihre nahe Verwandte, die Zahnbrasse (Dentex dentex). Die rosa Grundfarbe gab ihr den englischen Namen „Pink Dentex". Der deutsche Name bezieht sich die kantige Schä-delform erwachsener Tiere. Diese Art kann von anderen mit einem Blick auf die Rücken-flosse unterschieden werden: Die beiden ersten Hartstrahlen sind sehr kurz, die beiden folgenden dagegen extrem lang. Weiteres Kennzeichen: Auf dem Rücken ist hinter dem Ende der Rückenflosse ein deutlicher schwarzer Fleck zu sehen und ein bräunlicher an der Basis der Brustflossen. Dickkopf-Zahnbrassen werden bis zu 106 cm lang und 15 kg schwer. Sie leben in Tiefen von 20 bis 220 m.

TECHNIK: Bestens ist das Schleppfischen mit lebenden Kalmaren wenige Meter über Grund, aber auch stationär mit Arche-Noah-Muscheln (Schale anknacken aber nicht ganz entfernen).

KÜCHE: Sehr begehrt rund ums Mittelmeer.

Geißbrasse

NAMEN: Diplodus sargus sargus (lat.), **Sargo** (Spanien), **Sargo rigato** (Italien), **Šarag** (Kroatien), **Sargos** (Griechenland), **Karagoz** (Türkei), **White seabream** (international)

VORKOMMEN: Im gesamten Mittelmeer

Der Körper des auch Bindenbrasse genannten Fisches ist hochrückig, oval und seitlich abgeflacht. Der Abstand von der Maulspitze zum Augenrand ist größer als der Augendurchmesser. Der Rücken ist gelblich-braun gefärbt und die Seiten silbergrau. Über die Flanken ziehen 8-9 senkrechte dunkle Streifen, 4-5 davon sind stärker ausgeprägt. Auffällig ist ein schwarzer ovaler Sattelfleck an der Schwanzwurzel. Die hintere Kante der Schwanzflosse ist deutlich schwarz umsäumt. Von der ähnlichen Spitzbrasse (Diplodus puntazzo) unterscheidet sich die Geißbrasse durch ihr steileres Kopfprofil und das nicht so spitze Maul. Geißbrassen werden bis zu 50 cm groß und 2 kg schwer. Sie leben grundnah bis in Tiefen von 150 m. Die Fische sind nachtaktiv und fressen mit Vorliebe Seeigel, Muscheln und Krustentiere, die sie mit ihren großen Mahlzähnen knacken.

TECHNIK: In der Dämmerung küstennah an Grund mit natürlichen Ködern. Schwanzstücke von Sardinen an Haken mit einer Öffnung von 10-15 mm und Fluorcarbon-Vorfach.

KÜCHE: Bestens

Spitzbrasse

NAMEN: Diplodus puntazzo (lat.), **Sargo picudo** (Spanien), **Sar á museau pointu** (Frankreich), **Sarago pizutto** (Italien), **Pic** (Kroatien), **Mytaki** (Griechenland), **Sivriburun karagoz** (Türkei), **Sharpsnout seabream** (international)

VORKOMMEN: Im gesamten Mittelmeer weit verbreitet

Der hochrückige und seitlich abgeflachte Fisch fällt durch seine lange spitze Schnauze auf, die ihm den Namen gab. Die Stirnlinie ist auf Augenhöhe eingebuchtet. Weiteres Erkennungsmerkmal sind 7-9 breite vertikale Streifen sowie ein schwarzer Halbring an der Wurzel der Schwanzflosse. Der hintere Rand der Schwanzflosse ist meist schwarz gesäumt.

Diese bis zu 60 cm große Art lebt küstennah in Brandungszonen, aber auch über felsigem und sandigem Grund in Tiefen bis 50 m. Die Spitzbrassen ernähren sich vor allem von Seegras, Würmern, Garnelen und Muscheln. Sie werden durchschnittlich 30 cm groß.

TECHNIK: Grundnahes Fischen mit Miesmuscheln, Garnelen, Würmern oder Rinder-Leber. Die Fische haben ein sehr sensibles Maul und sind misstrauisch; deshalb muss fein und mit kleineren Haken (Öffnung von 10-12 mm) geangelt werden. Anfüttern mit Fischabfällen lohnt sich.

KÜCHE: Geschätzter Speisefisch!

Zebrabrasse

NAMEN: Diplodus cervinus cervinus (lat.), **Sargo breado** (Spanien), **Sar a grosses lévres** (Frankreich), **Fanfarù** (Italien), **Zevro sparos** (Griechenland), **Šarag** (Kroatien), **Cizgili mercan** (Türkei), **Zebra seabram** (international)

VORKOMMEN: Im gesamten Mittelmeer

Der Fisch ist hochrückig, seitlich abgeflacht und hat eine steil ansteigende Stirnlinie. Auffälligstes Merkmal sind 5 breite schwarze Bänder, die vertikal über die silber-farbenen Flanken verlaufen. Das erste Band beginnt vor dem Ansatz der Rückenflosse, das letzte verläuft an der Schwanzflossenwurzel. Ein zusätzlicher schmalerer dunkler Streifen zieht am Kopf über das Auge bis zur Backe hinter dem Unterkiefer. Dieser Streifen fehlt bei der Spitzbrasse (Diplodus puntazzo).

Die bis zu 55 cm großen und 1,9 kg schweren Fische leben küstennah über felsigem Grund in Tiefen von 30-80 m. Sie bilden kleinere Gruppen und fressen Garnelen, Würmer, Muscheln oder Seegras, wie andere Brassen auch.

TECHNIK: Grundnahes Fischen mit natürlichen Ködern

KÜCHE: Gut

Marmorbrasse

NAMEN: Lithognathus mormyrus (lat.), **Mabre** (Spanien), **Marbré** (Frankreich), **Mormora** (Italien), **Ovčica** (Kroatien), **Mourmoura** (Griechenland), **Cizgili Mercan** (Türkei), **Striped seabream** (international)

VORKOMMEN: Im gesamten Mittelmeer weit verbreitet

Der längliche Körper ist auf dem Rücken dunkel braungrau gefärbt, die Körperseiten sind silbern-hell. Die Stirnlinie steigt nahezu gleichmäßig an und ist nur über Höhe der Augen leicht eingebuchtet. Das große Maul ist länglich und spitz, die Lippen dick. Auf den Flanken verlaufen 12-15 braunschwarze Streifen. Daran kann der Fisch erkannt werden.

Marmorbrassen werden maximal 55 cm lang, leben küstennah meist in Gruppen über sandigem und bewachsenem Grund in Tiefen von 3 bis 80 m. Die Fische ernähren sich von Muscheln, Garnelen, Krabben, Schnecken und Würmern.

TECHNIK: Marmorbrassen halten sich gerne an Muschelbänken auf und können dort gezielt gefischt werden. Angeln über Grund mit Muschelfleisch, Garnelen oder Borstenwurm. 15 m ist in der Adria eine gute Tiefe. Die Haken sollten scharf sein und eine Öffnung von 12-15 mm haben.

KÜCHE: Die Marmorbrasse ist ein geschätzter Speisefisch

Streifenbrasse

NAMEN: Spondylioso macantharus (lat.), **Cantera** (Spanien), **Canthare** (Frankreich), **Cantaro** (Italien), **Kantar** (Kroatien), **Skathari** (Griechenland), **Sarigöz** (Türkei), **Black seabram** (international)

VORKOMMEN: Im gesamten Mittelmeer

Auch bei dieser Brassenart ist der Körper hochrückig und seitlich abgeflacht. Der Kopf ist spitz und weist eine kleine Delle über den Augen auf. Der Rücken schimmert dunkel bis bräunlich-grau. Auf den Flanken verlaufen 6-9 vertikale, dunkelbraune, breitere Streifen sowie zahlreiche horizontale schmale Linien, die mehrfach unterbrochen sind. Die Seitenlinie verläuft parallel zur Rückenlinie.Der Kopf ist zwischen den Augen und zum Maul hin ebenfalls dunkel. Rücken-, Schwanz- und Afterflosse sind dunkler als der Körper. Ein weiteres Merkmal sind 4-6 Reihen feiner und spitzer Borstenzähne in beiden Kiefern.

Die bis zu 60 cm langen Schwarmfische leben küstennah in Tiefen von meist 15-50 m über Seegraswiesen sowie Sand- und Felsböden. Die Fische sind Allesfresser und ernähren sich von Krustentieren bis hin zu Algen.

TECHNIK: Grundnahes Angeln mit kleineren natürlichen Ködern

KÜCHE: Gut

Zweibindenbrasse

NAMEN: Diplodus vulgaris (lat.), Mojarra (Spanien), Sar a tête noire (Frankreich), Saragotesta nera (Italien), Fratar (Kroatien), Karagoz (Türkei), Common two-banded seabream (international)

VORKOMMEN: Im gesamten Mittelmeer

Namensgebend für den hochrückigen Fisch sind zwei dunkle senkrechte Bänder. Der erste verläuft auf Höhe der Brustflosse, der zweite vor der Schwanzwurzel. Kroaten erinnern diese dunklen Bänder auf dem ansonsten silberfarbenen Schuppenkleid an Priester, daher der Name „Fratar". Der bis zu 45 cm lange Fisch hat überdies sehr große Augen sowie ein kleines Maul.

TECHNIK: Grundnah an Riffen und Klippen in Tiefen von 15-30 m mit Krebsen, Wurmoder Sardinenstücken. Anfüttern mit einer Mischung aus Brot, Fischresten und zerstoßenen Seeigeln hilft beim Überlisten. Gute Beißzeiten sind zwei Tage vor Vollmond sowie am späten Nachmittag und abends.

KÜCHE: Sehr guter Speisefisch, der in der Adria semiindustriell gefangen wird.

Brandbrasse

NAMEN: Oblada melanura (lat.), **Oblada** (Spanien), **Oblade** (Frankreich), **Oblata** (Italien), **Ušata** (Kroatien), **Melanouri** (Griechenland), **Melanura** (Türkei), **Saddled seabream** (international)

VORKOMMEN: Im gesamten Mittelmeer

Der Rücken ist braun-blau und die Seiten blau-silber bis blaugrau. Eindeutiges Erkennungszeichen ist ein großer schwarzer Sattelfleck am Schwanzstil. Die Kiefer sind mit Schneidezähnen und kleineren Mahlzähnen besetzt.

Die Brandbrasse lebt küstennah in kleinen Schwärmen über algenbewachsenem, felsigem Grund bis 50 m Tiefe und wird bis 35 cm lang und maximal 600 Gramm schwer.

TECHNIK: Über Grund oder im Mittelwasser mit Fischstücken oder frischen Garnelen

KÜCHE: Vorzüglicher Speisefisch mit zartem Fleisch. Größere Exemplare werden im Ganzen gegrillt oder gebraten, kleine machen sich gut in Fischsuppen.

Achselfleckbrasse

NAMEN: Pagellus acarne (lat.), **Besugo, Aligote** (Spanien), **Pageot acarne** (Frankreich), **Pagello bastardo** (Italien), **Batoglavac** (Kroatien), **Mousmouli** (Griechenland), **Kirma mercan** (Türkei), **Axillary seabream** (international)

VORKOMMEN: Im gesamten Mittelmeer

Der Körper ist hochrückig. Die relativ großen Augen sitzen hoch am oberen Rand des Kopfes. Die Schnauze ist länger als der Augendurchmesser. Die rötliche Rückenfärbung geht in silbrig rosige Seiten über; der Bauch ist weiß. Es zeigen sich weder Streifen noch Bänder. Auffällig und namengebend ist ein schwarzer Fleck am Ansatz der Brustflossen.

Die Schwarmfische leben küstennah zumeist in Tiefen von 5-80 m über sandigem oder seegrasbedecktem Grund. Größere Exemplare dringen in Tiefen von bis zu 500 m vor. Achselfleckbrassen werden bis 36 cm groß. Sie sind Allesfresser und ernähren sich von kleinen Fischen, Würmern und Krebsen.

TECHNIK: Grundfischen mit natürlichen Ködern. Guter Köderfisch zum Angeln auf Petersfisch (siehe Überbissmontage, Seite 112)

KÜCHE: Geschätzter Speisefisch

Goldbrasse

NAMEN: Sparus aurata (lat.), **Dorada** (Spanien), **Dorade royale** (Frankreich), **Orata** (Italien), **Orada** (kroatisch), **Tsipura** (Griechenland), **Cipura baligi** (Türkei), **Gilthead seabream** (international)

VORKOMMEN: Im gesamten Mittelmeer

Diese Brasse hat einen hohen Rücken, der blau-golden bis olivgrün schimmert. Die Seiten sind grau-gelb gefärbt und schimmern golden, der Bauch ist silbrig. Der Abstand von der Maulspitze bis zum Auge ist mehr als zwei Mal so groß wie der Augendurchmesser. Auffällige Merkmale sind ein zwischen den Augen quer verlaufendes goldglänzendes Stirnband sowie ein dunkler Fleck am oberen Ende der Kiemenspalten. Auf den Kiemendeckeln ist zudem meist ein blasser goldener Fleck zu sehen. Die bis zu 70 cm großen Goldbrassen leben in Tiefen von 5-50 m. An Steilufern sind sie selten. Die Fische knacken mit Vorliebe Muscheln, ernähren sich aber auch von Krebsen und Würmern.

TECHNIK: In Tiefen von um die 10 m mit Wurm oder Miesmuscheln: Eine Muschel leicht öffnen oder eine der Schalen anschlagen, um den Haken darin unterzubringen, dann warten auf „Schlürf und Knack". Das harte Maul erfordert einen kräftigen Anhieb.

KÜCHE: Einer der besten und teuersten Speisefische!

Rotbrasse

NAMEN: Pagellus erythrinus (lat.), **Pagel** (Spanien), **Pageot** (Frankreich), **Rossetto** (Italien), **Arbun** (Kroatien), **Lethrini** (Griechenland), **Mercan** (Türkei), **Common pandora** (international)

VORKOMMEN: Im gesamten Mittelmeer

Der Körper der Rotbrasse ist gedrungen und oval. Die Körperschuppen sind rötlich bis rosig-silbern gefärbt und schimmern oftmals bläulich. Die Rückenflosse ist durchgehend, die Brustflossen sind lang und reichen bis hinter den Ansatz der Afterflosse. Wichtiges Erkennungsmerkmal ist der meist rot gesäumte Kiemendeckel. Die Lippen des tief stehenden Maules sind wulstig.

Der bis zu 65 cm lange Schwarmfisch bevorzugt sandigen Grund in Tiefen von 10-180 m und frisst Muscheln und Weichtiere. Die Durchschnittsgröße in der Adria liegt bei 20 cm.

TECHNIK: Paternoster mit Springern aus Fluorcarbon (0,20 mm) über Grund und kleineren Haken mit einer Öffnung von 10-15 mm. Die kleinen Räuber lieben Fleisch. Miesmuscheln, Krebsfleisch, Kalmar- oder Sardinenstücke sowie Borstenwürmer sind gute Köder.

KÜCHE: Wohlschmeckend und sehr geschätzt.

Rote Fleckbrasse

NAMEN: Pagellus bogaraveo (lat.), **Besugo** (Spanien), **Dorade rose** (Frankreich), **Pagello** (Italien), **Okan** (Kroatien), **Kefalas** (Griechenland), **Mandagoz mercan** (Türkei), **Blackspot seabream** (international),

VORKOMMEN: Westliches Mittelmeer häufig, östlich von Sizilien seltener

Der Fisch ist hochrückig und seitlich abgeflacht. Seine Körperfarbe variiert von silbern bis rosa und ist frei von Längs- oder Querstreifen. Die Schwanzflossen sind oftmals rötlich. Die Schnauze ist kürzer als der Augendurchmesser.

Die Rote Fleckbrasse kann an einem deutlichen schwarzen Fleck über der Brustflosse auf Höhe der Seitenlinie identifiziert werden. Dies unterscheidet sie von der Achselfleckbrasse (Pagellus acarne), die einen schwarzen Fleck auf der Brustflossenbasis zeigt. Die Rote Fleckbrasse wird bis zu 70 cm lang, 5 kg schwer und 15 Jahre alt. Sie lebt über schlammigem Grund in Tiefen von bis zu 400 m und zieht zum Laichen im Frühjahr in flachere Schelfzonen.

TECHNIK: Grundangeln mit Naturködern

KÜCHE: Sehr guter Speisefisch

Gemeine Meerbrasse

NAMEN: **Pagrus pagrus** (lat.), **Pagre** (Spanien, Frankreich), **Pagro** (Italien), **Pagar** (Kroatien), **Fagri** (Griechenland), **Fangri baliği** (Türkei), **Common seabram, Red porgy** (engl.)

VORKOMMEN: Im gesamten Mittelmeer

Rotbrassen haben einen seitlich abgeflachten Körper. Die Schuppen schimmern hellrosa bis pink. Oberhalb der Seitenlinie sitzt auf den Schuppen jeweils ein gelber Punkt, die zusammen einen Streifeneffekt ergeben. Gelblich ist auch die Oberlippe. Rücken-, Schwanz- und Brustflossen sind rosa. Die Rückenflosse besteht aus 12 harten Flossendornen sowie 10 bis 11 weichen Flossenstrahlen.

Der Fisch kann bis zu 17 kg schwer werden, erreicht aber meist nur eine Länge von 30 bis 40 cm. Er lebt wie viele seiner Verwandten grundnah über Felsen und Sandböden bis auf 250 m Tiefe.

TECHNIK: Mit Sardinen oder kleinen Tintenfischen um Wracks oder in Tiefen von 10 bis 80 m. Die Fische reagieren auch auf kleinere Jigs.

KÜCHE: Gemeine Meerbrassen zeichnen sich durch festes und sehr gut schmeckendes Fleisch aus.

Goldstriemenbrasse

NAMEN: Sarpa salpa (lat.), **Salema** (Spanien), **Saupe** (Frankreich), **Salpa** (Italien), **Salpa** (Kroatien), **Tsipoura** (Griechenland), **Salpan** (Türkei), **Salpa** (international)

VORKOMMEN: Im gesamten Mittelmeer

Der Körper ist elliptisch und an den Seiten etwas abgeflacht. Die Seitenlinie verläuft hoch am blau-grauen Rücken und folgt dessen Kontur. Auffällig und namengebend sind 10-12 orange-goldene, schmale Längsstreifen. Auffallend ist überdies ein schwarzer Fleck an der Basis der Brustflosse. Die Augen mit goldener Iris sind relativ groß.

Der Fisch ähnelt auf den ersten Blick der **Gelbstriemenbrasse (Boops boops)**. Diese ist jedoch deutlich schlanker und hat nur 3 – 5 gelbliche Längsstreifen.

Diese bis zu 45 cm große und tagaktive Brassenart lebt küstennah in Tiefen von bis zu 50 m und ernährt sich meist von Algen wie Neptungras und kleinen Krustentieren. Goldstriemenbrassen fressen im östlichen Mittelmeer auch eine aus dem Indopazifik eingeschleppte giftige Grünalge. Dort sollten die Fische im Zweifel nicht verzehrt werden.

TECHNIK: Garnelen an kleinen Haken.

KÜCHE: In der Adria ein beliebter Speisefisch

Gelbstriemenbrasse

NAMEN: Boops boops (lat.), **Boga** (Spanien), **Bogue** (Frankreich), **Boga** (Italien), **Bugva** (Kroatien), **Gopa** (Griechenland), **Bopa** (Türkei), **Bogue** (international)

VORKOMMEN: Im gesamten Mittelmeer

Gelbstriemenbrassen haben einen schlanken, langestreckten und zylindrischen Körper. Die Augen sind groß und das Maul klein und abgeschrägt. Der Rücken schimmert grünlich-gelb bis bräunlich-grau; die Seiten silbrig weiß. Unterhalb der Seitenlinie verlaufen 3 bis 5 blass-goldgelbe Längsstreifen. Am oberen Brustflossenansatz sitzt ein schwarzer Fleck.

Die bis zu 36 cm langen Brassen leben in größeren Schwärmen in Tiefen von 10-350 m und ernähren sich unter anderem von Krebsen und Garnelen.

TECHNIK: Herings-Paternoster mit „Fischhaut"-Folie am Haken (Sabiki Rig)

KÜCHE: Das Fleisch ist wohlschmeckend. Die Fische sollten aber gleich nach dem Fang ausgenommen werden, damit der unangenehme Geruch der Innereien nicht das Fleisch verdirbt.

Streifenbarbe

NAMEN: Mullus surmuletus (lat.), **Salmonete de roca** (Spanien), **Rouget de roche** (Frankreich), **Triglia di scoglio** (Italien), **Barbun** (Kroatien), **Surmullet** (international)

VORKOMMEN: Im gesamten Mittelmeer

Streifenbarben haben einen langgestreckten und seitlich etwas zusammengedrückten Körper, der von großen Schuppen bedeckt ist. Das Kopfprofil steigt moderat steil an, am Kinn befinden sich zwei gut ausgebildete Barteln, die länger als die Brustflosse sind. Der Körper ist variabel rotgetönt, über die Seiten verlaufen drei bis vier deutliche gelbe Längsstreifen, die dem Fisch den Namen gaben. Der Fisch trägt zwei verhältnismäßig kurze und klar getrennte Rückenflossen. Die erste Rückenflosse ist dunkelbraun gestreift.

Die bis zu 40 cm langen Streifenbarben leben küstennah über sandigem Grund zwischen Fels und Geröll und ernähren sich von kleinen Bodentieren.

TECHNIK. Feineres Grundfischen mit kleineren natürlichen Ködern.

KÜCHE: Ausgezeichneter Speisefisch zum Braten, Backen oder Kochen. Die Leber gilt als Delikatesse.

Grauer Drückerfisch

NAMEN: Balistes capriscus (lat.), **Pez ballesta** (Spanien), **Baliste** (Frankreich), **Pesce balestra** (Italien), **Buc** (Kroatien), **Monochiros** (Griechenland), **Cutre** (Türkei), **Triggerfish** (international)

VORKOMMEN: Im gesamten Mittelmeer

Der Körper ist kurz, hochrückig und flachgedrückt. Die Fische sind einfarbig blaugrau, blaugrün, oder bräunlich. Über die Flanken verlaufen oftmals drei schwach dunkle, breitere Streifen. Die Augen und Kiemenöffnungen sind klein und die Brustflossen kurz. Die Rücken-, After- und Schwanzflossen sind mit kleinen hellblauen Punkten bedeckt. Die dicke Haut ist mit breiten Schuppen besetzt.

Der Fisch verdankt seinen Namen einem Mechanismus, mit dem er den längsten Stachel der Rückenflosse aufrecht fixieren kann. Gemeinsam mit dem Flossenstachel am Bauch klemmen sich die Fische so zum Schlafen in Riffspalten und sind vor Feinden geschützt. Drückerfische leben in 10 bis zumeist 50 m Tiefe über felsigem Grund. Sie werden bis zu 60 cm lang.

TECHNIK: Kleinere natürliche Köder wie Stücke vom Kalmar oder einer Sardine. Wegen des harten Mauls muss mit kleinen, nadelspitzen Haken gefischt werden.

KÜCHE: Mancherorts geschätzt

Danksagung

Ohne die Mithilfe vieler Freunde und Kameraden wäre dieses Buch nicht entstanden. Mein besonderer Dank gilt den Skippern **Toni Rieira** (Mallorca) und **Patrick Baier** (Kroatien) für ihre zahlreichen praktischen Tipps sowie **Reinhold Schwarzwälder**, dessen profundes Wissen das Kapitel zum Ebro-Delta geprägt hat. Viele schöne Fotos verdanke ich den Skippern **Ron Nieuweboer** (Spanien) und **Alex Snoeijs** (Kroatien), aber auch **Max Wagner**, **Jörg-Dieter Haselhorst**, **Marc Inoue**, **Andreas Winter**, **Christoph Hübner** und vielen weiteren mehr, die bei den Fotonachweisen namentlich genannt sind.

Bildnachweise

Kontakt

Jürgen Oeder

Weinbrennerstr. 32
76135 Karlsruhe

info@ultimatefishingbooks.com

www.ultimatefishingbooks.com

ULTIMATE FISHING BOOKS

Dieses Buch ist Teil meiner Reihe "Ultimate Fishing Books". Alles, was Sie über die Biologie und den Fang von rund 150 Salzwasserfischen wissen wollen, das finden Sie dort in mehreren e-Books auf Basis von „Das große Buch vom Big Game Angeln" (ausverkauft, Neuauflage geplant für 2016).

Mobile App »

www.ultimatefishingnews.com

ULTIMATE FISHING NEWS

Meine Webseite „Ultimate Fishing News" dient als Informationsplattform und Forum für Salzwasserangler. Das Spektrum reicht von Fangmeldungen – auch aus dem Mittelmeer – über neue Angeltechniken bis hin zu Nachrichten aus der Fischereipolitik.